全国技工院校航空服务专业教材（中级技能层级）

全国中等职业学校航空服务专业教材

民航
地面服务基础

Minhang Dimian Fuwu Jichu

郎德琴　张根岭　主编

中国劳动社会保障出版社

图书在版编目（CIP）数据

民航地面服务基础 / 郎德琴，张根岭主编 . -- 北京：中国劳动社会保障出版社，2019
全国技工院校航空服务专业教材 . 中级技能层级　全国中等职业学校航空服务专业教材
ISBN 978-7-5167-3809-2

Ⅰ. ①民…　Ⅱ. ①郎… ②张…　Ⅲ. ①民用航空 - 商业服务 - 中等专业学校 - 教材　Ⅳ. ① F560.9

中国版本图书馆 CIP 数据核字（2018）第 288059 号

中国劳动社会保障出版社出版发行

（北京市惠新东街 1 号　邮政编码：100029）

*

北京市艺辉印刷有限公司印刷装订　新华书店经销

787 毫米 × 1092 毫米　16 开本　8.75 印张　140 千字

2019 年 1 月第 1 版　2021 年12月第 5 次印刷

定价：17.00 元

读者服务部电话：（010）64929211/84209101/64921644

营销中心电话：（010）64962347

出版社网址：http://www.class.com.cn

http://jg.class.com.cn

简介

Introduction

本教材适用于全国技工院校航空服务专业（中级技能层级）和全国中等职业学校航空服务专业。教材共分九章，首先对民航地面服务进行了概述，然后分别介绍了旅客售票服务、旅客值机与行李托运服务、旅客安检服务、旅客登机与中转服务、特殊旅客服务、其他旅客服务（包括旅客交通服务、旅客问询服务、旅客广播服务、旅客商业零售服务）、航班服务以及飞机地面服务等内容。

教材依据企业岗位实际，从民航地面服务的对象和内容入手，按照服务流程编写，具有较强的针对性和可操作性。根据学生认知规律，教材在编写中使用了大量的图表辅助讲解知识点和技能点，易于教师教学和学生理解。教材配有电子课件，可通过职业教育教学资源和数字学习中心（http://zyjy.class.com.cn）免费下载。

本教材由郎德琴、张根岭任主编，赵志华、朱泽钊、刘婷、王亚菊、钟敏参加编写，高竹君、马鹤审稿。

目录

Contents

第 1 章 民航地面服务概述

从广义上讲，民航地面服务包括机场、航空公司及其代理企业为旅客、货主提供的各种服务，以及中国民用航空局空中交通管理局、航油企业、飞机维修企业等向航空公司提供的服务；从狭义上讲，民航地面服务的范围限定在机场为旅客、飞机提供的在机场空侧范围内的各种服务，如旅客运输、行李运输和飞机的引导、清洁、食品供给、机务保障等，这些服务是机场（航空公司）地面服务部门的主要业务内容。本书主要从狭义角度阐述民航地面服务。

学习目标

- ☞ 了解航班的定义、国内外航班号的构成方法及国内常见航空公司代码
- ☞ 了解旅客、行李、飞机的分类
- ☞ 了解民航地面服务的内容

一、民航地面服务的对象

1. 航班

航班是指飞机根据班期时刻表，由始发站起飞，按照规定的航线，经过经停站至终点站或直接到达终点站做运输生产的飞行。航班班次是指在单位时间内（通常以一周计算）飞行的次数。为便于组织运输生产，每个航班都按照一定的规律编有不同的号码，这种号码称为航班号。

国内航班号一般由航空公司二字代码 + 四位阿拉伯数字构成，其中第一位数字是飞机起飞地区所属民航管理局的代号，第二位数字是飞机将要飞往地区所属民航管理局的代号，第三、第四位数字表示班次，即该航班的具体编号，末位数字若为单数，表示该航班为去程航班，若为双数，则为回程航班。例如，CA1202 表示西安飞往北京的航班，“CA”是中国国际航空公司代码，第一位数字“1”表示北京所属的中国民用航空华北地区管理局，第二位数字“2”表示西安所属的中国民用航空西北地区管理局，“02”为航班序号，其中末位数字“2”表示回程航班。

国际航班号一般由航空公司二字代码 + 三位阿拉伯数字构成，其中第一位数字表示航空公司，后两位数字表示航班序号，单数表示去程，双数表示回程。例如，CA982 表示由中国国际航空公司承运的纽约飞往北京的回程航班。

知识链接

国内部分航空公司二字代码

中文名称	二字代码
中国国际航空股份有限公司	CA
中国南方航空股份有限公司	CZ
中国东方航空股份有限公司	MU

续表

中文名称	二字代码
厦门航空有限公司	MF
山东航空股份有限公司	SC
深圳航空有限责任公司	ZH
中国联合航空有限公司	KN
四川航空股份有限公司	3U
海南航空股份有限公司	HU

虽然随着航班量的增多，大部分新航班号已经放弃原有规则而自行编号，但是根据航班号仍然可以很快地了解航班的执行公司、飞往地点及方向。

2. 旅客

在民航运输生产中，旅客按年龄可分为成人、儿童、婴儿三种类型，对应的票价不同，见表 1—1。

表 1—1　旅客分类及对应票价

旅客分类	定义	票价
成人	年满 12 周岁的旅客	经济舱全价
儿童	年满 2 周岁但小于 12 周岁的旅客	经济舱全价的 50%
婴儿	小于 2 周岁的旅客	经济舱全价的 10%

按民航地面服务的要求来分，旅客又可分为普通旅客和特殊旅客。特殊旅客是指需要给予特别礼遇和照顾的旅客，主要包括重要旅客、病残旅客、无人陪伴儿童旅客、孕妇、婴儿、犯罪嫌疑人及其押解人、醉酒旅客、额外占座旅客等。

3. 行李

根据运输责任，民航运输中的行李可以分为托运行李和随身携带行李两种，民航地面服务中所说的行李服务通常是指托运行李服务。

重要文件和资料、外交信袋、证券、货币、汇票、贵重物品、易碎易腐物品以及其他需要专人照管的物品，不得夹入行李内托运。

国家规定的禁运物品、限制运输物品、危险物品以及具有异味或容易污损飞机的物品，不能作为托运行李或随身携带行李。

旅客不得携带管制刀具乘机，管制刀具以外的利器或钝器应随托运行李托运，不能随身携带。

4. 客机

（1）客机的分类

客机是客运飞机的简称，是民航运输的实际载体。根据国际标准，客机按照航程的远近，可以分为远程客机、中程客机和短程客机，见表 1—2 ；也可以按照航程和座位数分为干线客机和支线客机，见表 1—3。

表 1—2　　客机按照航程的远近分类

客机分类	说明
短程客机	航程在 3 000 千米以下
中程客机	航程在 3 000 ～ 8 000 千米
远程客机	航程在 8 000 千米以上

表 1—3　　客机按照航程和座位数分类

客机分类	说明
干线客机	干线客机是指用于国际航线和国内主要大城市之间主干航线上的客机。干线客机载客多、设备先进，是航空运输的主力，但它只能在设备齐全、跑道强度和长度足够的大型机场起降。干线客机一般为 100 座以上、航程在 3 000 千米以上的客机
支线客机	支线客机是指用于大城市和中小城市之间在一定区域内飞行的客机。一般为 100 座以下、航程在 3 000 千米以内的客机

（2）客机的主要供应商及机型

目前，世界上主要的客机供应商包括美国的波音公司、法国的空中客车公司、加拿大的庞巴迪公司和巴西的巴西航空工业公司等。当前主要的客机供应商及主要机型见表 1—4。

表 1—4　　当前主要的客机供应商及主要机型

公司名称	主要机型
波音公司	型号：717、737、747、757、767、777 等
空中客车公司	型号：A300、A310、A318、A319、A320、A321、A330、A340、A380 等
庞巴迪公司	型号：CRJ200、CRJ700、CRJ900 等
巴西航空工业公司	型 号：EMB120、ERJ135、ERJ140、ERJ145、ERJ170、ERJ175、ERJ190、ERJ195 等

（3）国产客机的发展情况

目前，我国自主研制的支线喷气客机 ARJ21-700 已经投入商业运营，而我国首次按照国际标准研制、拥有自主知识产权的大型干线喷气客机 C919 将于 2021 年向用户交付。C919 航程 4 075 ~ 5 555 千米，其飞行系统处于世界领先水平，航电技术所采用的平台同波音 787 相似，而飞行操控系统则采用同空客 A320 系列相似的侧杆操作技术。另外，我国与俄罗斯共同成立的中俄国际商用飞机有限责任公司研发的 280 座级双通道干线喷气客机 C929 也已经进入实质进展阶段，这意味着中国在商用大飞机领域的发展取得了重要进展。

二、民航地面服务的内容

1. 对旅客的服务

（1）旅客售票服务

旅客售票服务包括客票销售服务、客票变更服务与退票服务等。

（2）旅客值机与行李托运服务

旅客值机与行李托运服务包括旅客证件和运输凭证的识别与查验、乘机手续的办理（接收旅客）、托运行李的接收以及航班数据的统计等。航班数据的准确性直接影响配载的准确性，进而影响飞行安全。因此，做好旅客值机与行李托运工作对于提高民航服务质量和保证飞行的正常及安全具有重要意义。

（3）旅客安检服务

旅客安检服务是指在民航机场实施的为防止危害航空安全事件的发生，保障旅客、机组人员和飞机安全而采取的一种强制性的技术检查。民航运输企业向旅客提供的服务首先应是安全的，安检是确保这种服务安全最重要的基础，其根本目的一是防止机场和飞机遭到袭击，二是防止运输危险品引起事故，三是确保乘客人身和财产安全。

（4）旅客登机与中转服务

旅客办理好值机、行李托运手续和通过安检后，即可根据登机牌所显示的登机口在相应的候机厅候机休息，听广播提示登机。机场工作人员负责在规定离港时间前有序组织旅客完成登机。旅客中转是指旅客在到达其最终目的地之前，必须要在某一中途航站换乘另一航班的过程，包括国内转国内、国内转国际、国际转国内和国际转国际四种中转类型，不同中转类型有不同的中转手续。旅客中转服务就是针对不同中转类型的旅客提供相应的引导、问询、安排食宿等服务。优质的旅客中转服务会为旅客带来更为舒适的出行体验。

（5）特殊旅客服务

特殊旅客服务是民航地面服务的重要内容，它体现了航空公司、机场对待旅客的态度。人性化的特殊旅客服务能够为旅客带来安全、温馨的服务体验，从而提升航空公司、机场在旅客心目中的地位。

（6）其他旅客服务

其他旅客服务包括旅客交通服务、旅客问询服务、旅客广播服务和旅客商业零售服务。旅客交通服务是指为旅客提供往返机场以及在机场内部使用的各种交通方式的服务；旅客问询服务是指在候机楼提供的各种问询服务，包括航班信息、机场设施、旅客须知等；旅客广播服务是指为旅客播报航班信息类、例行类和临时类等各种信息的服务；旅客商业零售服务是指为旅客提供的购物、餐饮、娱乐等服务。

2. 对航班的服务

对航班的服务包括航班进港服务、航班离港服务和不正常航班服务。航班进港服务主要是指为进港航班提供的优质、及时和周到细致的接机引导服务；航班离港服务是指通过离港控制来保障航班顺利离港的服务；不正常航班服务是指由于各种因素的影响导致航班不正常时，机场和航空公司为尽可能降低航班不正常给旅客造成的负面影响，所实施的制定解决方案、联系食宿、安排旅客和现场服务等一系列服务。

3. 对飞机的服务

对飞机的服务主要是针对飞机进港和飞机离港。地面服务部门通过特种车辆、专用设备和专业操作等提供的一系列保障服务来保证航班安全和正点运行。

思考与练习

1. 航班的定义是什么？
2. 旅客、行李、飞机的分类分别是什么？
3. 民航地面服务的内容包括哪些？

第 2 章 旅客售票服务

旅客售票服务在机场地面服务众多服务类型中处于非常重要的位置。本章重点介绍了旅客售票服务人员所需掌握的与售票相关的知识，包括航程、计算机订座系统、电子客票、电子客票行程单等，以及客票销售、客票变更和退票的相关规定。

学习目标

☞ 了解航程的分类

☞ 了解电子客票的特点，掌握电子客票行程单的内容

☞ 了解客票销售的流程，掌握客票变更和退票的相关规定

第 1 节　旅客售票服务基础知识

一、航程

航程是指每一本客票或一套连续客票上所标明的从始发地至目的地，包括中间所有转机点和中途分程点的整个航程。

航程一般可分为五大类，分别是单程、来回程、环程、环球程和其他航程。

1. 单程

单程（One Way Journey，简称 OW）是指由始发地直接前往目的地的航程，如北京—新加坡的航程为单程。

2. 来回程

来回程（Round Trip，简称 RT）是指从始发地出发，前往目的地之后再返回始发地的航程，如北京—慕尼黑—北京的航程为来回程。

3. 环程

环程（Circle Trip，简称 CT）是指从始发地出发前往某地，继续飞行经过几个地点之后返回始发地的航程，如北京—香港—悉尼—布里斯班—凯恩斯—香港—北京的航程为环程。

4. 环球程

环球程（Round The World Trip，简称 RTW）属于环程的一种，是指从始发地出发之后，既经过太平洋又经过大西洋然后回到始发地的航程，如北京—东京—纽约—巴黎—北京的航程为环球程，其中东京到纽约经过太平洋，纽约到巴黎经过大西洋。

5. 其他航程

其他航程（Other Journey，简称 OJ）是指非单程、来回程、环程的航程。其特点是全程中含有非航空运输段，即缺口段。航程中出现的缺口段可能是一个或多个，按照缺口段的位置不同，可分为以下六种：

（1）始发点缺口

缺口段在始发点，即去程起点与回程终点不同。

（2）折返点缺口

缺口段在折返点，即去程终点与回程起点不同。

（3）单缺口

全程仅一个缺口段。

（4）双缺口

全程含两个缺口段，同时包括始发点缺口与折返点缺口。

（5）国内缺口段

缺口段在一国之内。

（6）国际缺口段

缺口段在两国之间。

二、计算机订座系统

旅客售票服务是通过计算机订座系统来完成对旅客在航班上座位的预留。计算机订座系统（Computer Reservation System，简称 CRS）即销售代理人分销系统，销售代理通过此系统进行航班座位及其他旅行产品的销售。

通过 CRS，世界各地的销售代理都可以使用网络终端来出售电子客票。航空公司通过将自己的营运数据投入 CRS 中销售，可在最大限度的区域中销售自己的航班座位，同时通过有效的座位控制，提高航班座位利用率和商业利益。

三、电子客票

电子客票（Electronic Ticket，简称 ET）是由承运人或代理承运人销售的一种不通过纸质机票来实现客票销售、旅客运输以及相关服务的有价凭证，是一种电子号码记录。电子客票依托现代信息技术，实现了无纸化的订票、结账和乘机手续办理等全过程，不仅给旅客带来了诸多便利，也为航空公司降低了成本。

1. 电子客票的样式及说明

电子客票票面包含订票代号、航空公司代号、舱位等级、出票航空公司、电子客票票号、电子客票有效期、电子客票种类、航班号、起飞日期、起飞时间、起飞城市（机场）、降落城市（机场）、旅客姓名、客票状态、航程状态、票面价格、外加税费等信息。

在 CRS 中，通过指令提取出来的电子客票票面如图 2—1 所示。

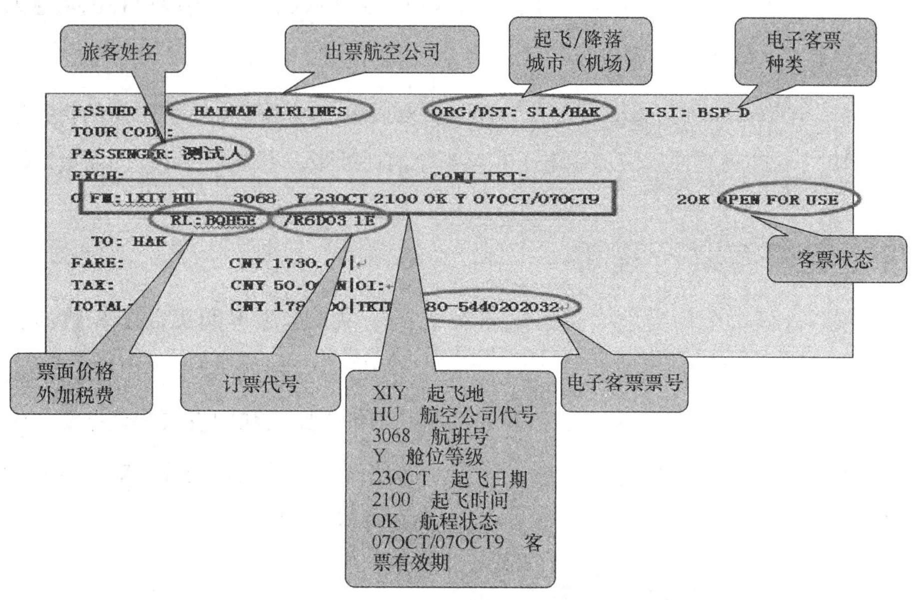

图 2—1　电子客票票面

2. 电子客票的特点

（1）电子客票将票面信息存储在订票系统中，是传统纸质机票的替代品。

（2）电子客票可以像纸质机票一样，执行出票、作废、退票、换开等操作。售票人员可以随时提取电子客票，查看客票信息，包括旅客姓名、航段、票价、签注等。

（3）使用电子客票的旅客不需要携带纸质凭证，只要出示有效的身份识别证件就可以办理乘机手续。

（4）电子客票采用电子化的结算流程，不需要纸质票联就能结算。

3. 电子客票的优势

（1）预订更方便

使用传统纸质机票，旅客必须到柜台办理预订、付款、取票等一系列手续。而使用电子客票，旅客通过网站就可以进行订票和费用支付，与使用传统纸质机票相比更加方便。

（2）可节省更多候机时间

使用传统纸质机票，旅客往往需要提前一段时间到机场等候取票。而使用电子客票的旅客可以自行在值机柜台办理手续，能够节省更多候机时间。

（3）不必担心机票遗失

电子客票包括旅客姓名、航班号、到达站等相关信息，旅客只需要带上自己的身份识别证件，就可以直接到机场办理登机手续，不必手持纸质机票，更不用担心机票遗失。

（4）更便宜、更环保

电子客票全部采取网上操作，大大节省了制票成本，因而使得航空公司的折扣空间更大，票价相对来说也就更便宜。使用电子客票不会消耗纸张，不需要打印，因而更加环保。

四、电子客票行程单

电子客票行程单全称为航空运输电子客票行程单，是旅客购买电子客票的凭证之一，包含旅客姓名、航程、航班、起飞日期、起飞及到达时间、票号等内容。

电子客票行程单由国家税务总局监制并按照《中华人民共和国发票管理办法》纳入税务机关发票管理，是旅客购买国内航空运输电子客票的付款及报销凭证。电子客票行程单在作为旅客付款及报销凭证的同时，还具备提示旅客行程的作用。

1. 电子客票行程单的样式及说明

如图 2—2 所示为电子客票行程单的样式。

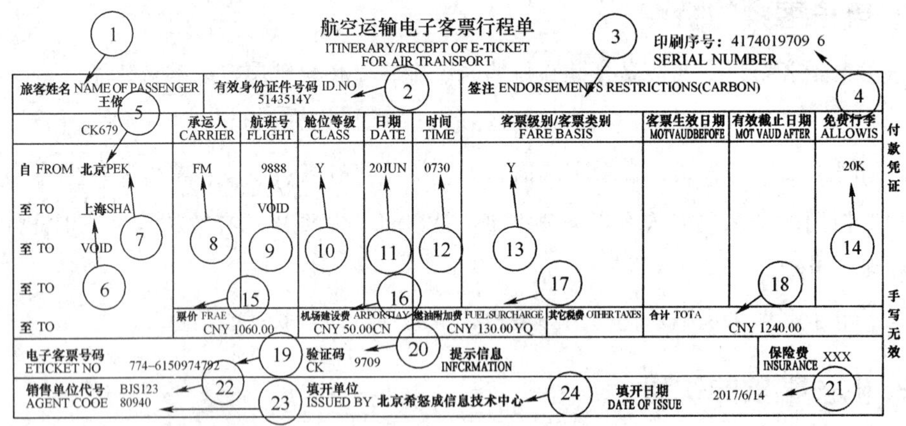

图 2—2　电子客票行程单样式

电子客票行程单包含的内容见表 2—1。

2. 电子客票行程单的领取

旅客购买电子客票，付款后应向出票单位索取电子客票行程单。电子客票行程单的领取需要注意以下事项：

表 2—1　电子客票行程单内容

序号	内容	序号	内容
1	旅客姓名	13	客票级别
2	旅客身份证件号码	14	免费行李额
3	签注	15	票价
4	印刷序号	16	机场建设费
5	出发城市	17	燃油附加费
6	到达城市	18	总票价
7	城市三字代码	19	电子客票号码
8	承运航空公司代码	20	验证码
9	航班号	21	填开日期
10	舱位等级	22	销售单位代号
11	起飞日期	23	IATA 号码
12	起飞时间	24	填开单位

（1）电子客票行程单为一票一单，遗失不补。

（2）电子客票行程单不能任意涂改，旅客应核对电子客票行程单上的姓名、证件号码等所列项目。

（3）电子客票行程单不作为登机凭证，但发生变更时旅客需出示电子客票行程单原件。

（4）旅客购买定期客票后未领取电子客票行程单，一旦又有需要，可以在客票全部航段使用后 7 天以内，向原出票单位申请领取。逾期则因民航系统限制，航空公司不负责提供。

（5）旅客购买不定期客票后未领取电子客票行程单，客票又未使用的，电子客票行程单在一年有效期内都可以打印一次。

知识链接

电子客票状态一览表

	电子客票状态	描述
1	OPEN FOR USE	开放使用
2	VOID	已作废

续表

	电子客票状态	描述
3	REFUNDED	已退票
4	CHECK IN	已经办理值机
5	LIFT/BOARDED	已登机
6	USED/FLOWN	客票已经使用
7	SUSPENDED	挂起状态，客票禁止使用
8	PRINT/EXCH	电子客票已经换开为纸票
9	EXCHANGED	电子客票已经换开为电子客票
10	FIM EXCH	电子客票已经换开为中断仓单
11	AIRP CNTL/YY	航段控制权在航空公司处
12	CPN NOTE	信息航段没有控制权

第 2 节　客票销售、客票变更与退票

一、客票销售

客票销售主要有柜台客票销售、电话客票销售、网络客票销售三种方式。柜台客票销售是指通过航空公司柜台或代理商门店现场销售客票的方式；电话客票销售是指通过电话语音提示销售客票的方式；网络客票销售是指通过航空公司网站或第三方网站在线销售客票的方式。下面主要介绍柜台客票销售。

1. 柜台客票销售流程

柜台客票销售流程如图 2—3 所示。

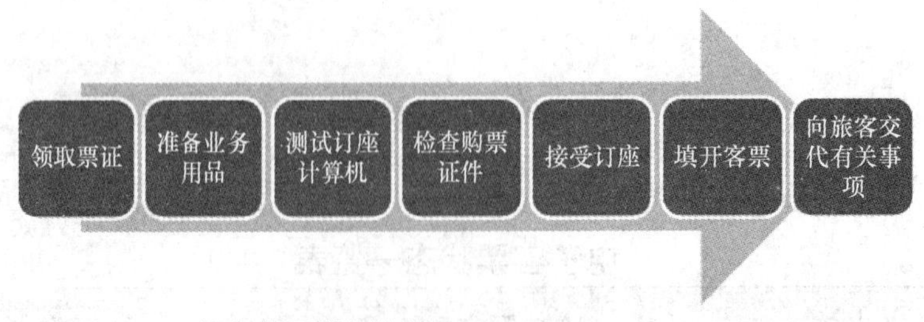

图 2—3　柜台客票销售流程

（1）领取票证

客票销售人员凭“票证领取单”领取空白票证，与财务人员当面清点数量，核准后双方在票证登记簿上签字，领取的票证需妥善保管、每日清点并做好交接工作。如有遗失，须及时上报。

（2）准备业务用品

客票销售人员需准备好售票所需的工作用笔、订书机、复写纸、销售日报表、营业用章、空白票证及“退票、误机、变更收费单”等业务用品。

（3）测试订座计算机

客票销售人员需对订座计算机终端进行测试，输入工作号。

（4）检查购票证件

完成以上工作后，客票销售人员开始接受旅客填写的订座单并检查其是否按规定格式填写，检验旅客有效身份证件，核对旅客姓名、身份证件号码与订座单填写是否相符。

（5）接受订座

证件核对无误后，客票销售人员需按旅客订座单上的航班、地点、日期，正确、完整地建立旅客订座记录（特殊旅客需注明情况）。

（6）填开客票

客票应按顺序号使用。客票销售人员需按照旅客订座记录的内容打印客票，要求打印清晰、内容完整、代号规范、票价正确，打印后应与 PNR（旅客订座记录，即 Passenger Name Record 的缩写，适用于民航订座系统，反映了旅客的航程、航班座位占用的数量及旅客信息）核对。填开客票后，将客票号码填入旅客订座单。

如旅客购买联程、中途分程或来回程客票，客票销售人员应检查其是否订妥续程或回程航班的座位，订妥座位方可售票。

（7）向旅客交代有关事项

1）请旅客看清客票上记载的有关内容，并说明乘机日期、离港时间、机场名称、何时到机场办理乘机手续等。

2）如旅客搭乘的航班及规定离港时间与对外公布的班期时刻表有误差，应提醒旅客注意，以免旅客误机。

3）购买联程、中途分程或来回程不定期客票的旅客，需办理座位再证实手续的，客票销售人员应告知旅客到联程、中途分程或回程站时与当地民航部门联系办理座位再证实手续。

完成上述流程后，客票销售人员需向旅客收取票款，将客票交与旅客。

2. 柜台客票销售基本规定

（1）普通旅客售票规定

普通旅客凭本人有效身份证件或公安机关出具的其他身份证件，并填写“旅客订座单”购票。“有效身份证件”是指旅客购票和乘机时必须出示的由政府主管部门核发的证明其身份的证件，如居民身份证、按规定可使用的有效护照、军官证、警官证、士兵证、文职干部或离退休干部证明、16 周岁以下未成年人的学生证、户口簿等。

（2）儿童、婴儿旅客售票规定

旅客购买儿童票、婴儿票，应提供儿童、婴儿出生年月的有效证明。儿童按照同一航班成人普通票价（经济舱全价）的 50% 购买儿童票，提供座位；婴儿按照同一航班成人普通票价（经济舱全价）的 10% 购买婴儿票，不提供座位，如需要单独占座位时，应购买儿童票。每一位成人旅客携带婴儿超过一名时，超过的人数应购买儿童票。

（3）特殊旅客售票规定

1）重病旅客购票，应持有医疗机构出具的适于乘机的证明，经承运人（航空公司）同意后方可购票。

2）革命伤残军人和因公致残的人民警察凭“中华人民共和国残疾军人证”和“中华人民共和国伤残人民警察证”，按照同一航班成人普通票价（经济舱全价）的 50% 购票。

航空公司销售以上优惠客票，不得附加购票时限等限制性条件。每一位旅客均应单独填开一本客票。

（4）其他规定

1）承运人（航空公司）或其销售代理人应根据旅客的要求，出售联程、来回程等客票。

2）售票场所应设置班期时刻表、航线图、航空运价表和旅客须知等必备资料。

3. 客票出票时限

（1）旅客预订座位的出票时限

旅客已经订妥的座位，应在承运人（航空公司）规定或预先约定的时限内购买客票，承运人（航空公司）对所订座位在规定或预先约定的时限内应予以保留。

一般情况下，承运人（航空公司）将保留无限制条件的航班的座位。承运人（航空公司）此时约定的出票时间限制为起飞前 2 天的中午 12 点前，如果旅客未在该规定的时间限制内购买客票，所预订的座位将被取消。

对于有特殊限制条件的航班的座位，一般情况下承运人（航空公司）都不允许旅客预先订座，而采取随订随售的方法。

对于超过预订时间限制的航班的座位，承运人（航空公司）将予以取消，以利于航班座位的再次销售，提高座位的利用率。

承运人（航空公司）应按旅客已经订妥的舱位等级提供座位。团体旅客的座位由承运人（航空公司）依据其规定办理。

（2）航班的衔接时间

一般情况下，国内航班的衔接时间不得少于 2 小时，特殊情况下可适当延长。例如上海虹桥国际机场和浦东国际机场之间的国内航班衔接，考虑到地面交通的问题，一般需延长至 3 小时。

国际航班转国内航班或国内航班转国际航班的衔接时间不得少于 3 小时。如果需要转换机场，衔接时间应依据具体情况适当延长。

4. 座位再证实

旅客持有未预订座位的机票，一旦确定了回程日期，必须提前致电航空公司预订回程舱位，而且在航班起飞前 72 小时必须要向航空公司证实舱位是否有效。若持有订妥座位的联程或来回程客票，则不需要办理座位再证实手续。

二、客票变更

1. 自愿变更和非自愿变更

由于旅客原因需要改变航程、航班、乘机日期、时间、舱位等级或乘机人，均属于自愿变更（经医疗机构证明旅客因病要求变更的除外）。

由于航班取消、提前、延误，航程改变或承运人（航空公司）未能向旅客提供已经订妥的座位（包括舱位等级），或未能在旅客的中途分程地点或目的地停留，或造成旅客已经订妥座位的航班衔接错失，旅客要求变更客票，属于非自愿变更。

2. 客票变更的一般规定

（1）要求变更的客票必须在客票有效期内。

（2）要求变更的客票不得违反票价限制条件。

（3）变更航程和乘机人，均应按退票处理，重新购票。

（4）变更承运人（航空公司），按客票签转有关规定处理。

（5）客票变更后，客票的有效期仍按原客票出票日期或开始航行日期计算。

（6）要求变更航班、乘机日期、航程，必须在原定航班离港时间前提出，承运人（航空公司）可按有关规定给予办理。

3. 客票签转

旅客购票后，如果要求改变原客票的指定承运人（航空公司），称为客票签转。旅客自愿要求改变承运人（航空公司），在符合下列全部条件时，承运人（航空公司）应予以签转：

（1）旅客的客票无签转限制。

（2）旅客未在航班规定的离港时间前 72 小时以内改变过航班、日期。

（3）旅客在航班规定离港时间 24 小时以前提出签转要求。

（4）新承运人（航空公司）与原承运人（航空公司）有票证结算关系，且新承运人（航空公司）的航班有可利用座位。

上述签转如未经承运人（航空公司）特别授权，承运人（航空公司）的销售代理不得为旅客办理签转。

三、退票

1. 自愿退票和非自愿退票

旅客由于自身原因，未能按照运输合同完成航空运输，在客票有效期内要求退票，称为自愿退票。

由于下列原因，旅客不能在客票有效期内完成部分或全部航程而要求退票，称为非自愿退票：

（1）承运人（航空公司）取消航班。

（2）承运人（航空公司）未按班期时刻表飞行。

（3）飞机未在旅客所持客票上列明的目的地或分程地点降停。

（4）航班衔接错失。

（5）承运人（航空公司）要求旅客途中下机或拒绝旅客乘机（因旅客证件不符合规定或违反有关要求、规定者除外）。

旅客因病退票，需提供县级以上医疗机构出具的医生诊断证明，患病旅客的陪伴人员要求退票，应与患病旅客按同等规则办理。

2. 退票的一般规定

（1）退票流程

由于客票有三种购买途径，因此在办理退票时，应遵循“在哪里购买在哪里退票”的原则，如在航空公司官网购买的客票，需联系官网客服人员，待客服人员查询到航班信息并核实后，即可办理退票手续。

（2）退票费计算

旅客自愿退票，航空公司应向旅客收取退票费，退票费以票面价格为基准按承运人（航空公司）有关规定计收。旅客自愿退票的退票费计算原则如下：

1）客票全部未使用，扣除相应航段明折明扣舱位的退票费后，余额退还旅客。

2）客票已部分使用，扣除客票已使用航段明折明扣舱位票价和未使用航段明折明扣舱位的退票费后，余额退还旅客。

旅客自愿退票的退票费收费标准都是以旅客所购客票的舱位等级为标准、按照一定的百分比进行计收，部分航空公司收取的退票费与旅客提出退票的时间有关，各航空公司有关退票费收取的规定不同，实际销售过程具体的收取规定应直接咨询相关航空公司。

旅客非自愿退票，票款全部退还。

思考与练习

1. 简述航程的类型。

2. 简述电子客票的特点及优势。

3. 简述柜台客票销售的一般流程。

第3章 旅客值机与行李托运服务

旅客值机与行李托运服务是民航运输生产的关键性环节。本章重点介绍了旅客值机服务与行李托运服务的概念和相关规定，以及传统柜台和自助柜台提供值机与行李托运服务的具体流程。

学习目标

☞ 了解旅客值机服务的概念，掌握旅客值机服务的流程

☞ 了解行李托运服务的概念及相关规定，掌握行李托运服务的流程

☞ 了解自助行李托运服务的具体操作流程

☞ 了解行李的分拣、确认与追踪流程，掌握行李中转服务及特殊行李服务流程

第 1 节　旅客值机服务

一、旅客值机服务概述

旅客值机服务是为旅客办理乘机手续、接收旅客托运行李、引导旅客上下飞机等旅客服务工作的总称。旅客在乘机前，需要办理客票及旅行证件的查验、行李托运、领取登机牌等一系列的手续。航空公司应按规定时间提前开放柜台为旅客办理值机手续，同时为了保证航班正常，在航班规定的离港时间前停止办理值机手续。如果旅客未能按时办理值机手续，那么航空公司为确保不延误航班，有权取消旅客已订妥的座位，由此给旅客造成的损失和费用航空公司不承担责任。

为了提高值机服务的速度和效率，各机场或航空公司可以根据所拥有的值机柜台数量进行合理分类，通常值机柜台有以下几种分类。

1. 普通值机柜台

任何旅客在指定的普通值机柜台都可办理登机、行李托运手续。

2. 值班经理柜台

值班经理柜台是为进一步提升民航地面服务质量而专门设置的，主要职能包括：对晚到、迟到、候补等旅客提供服务，根据现场旅客的密集程度调配工作人员，处理其他普通柜台不能解决的问题等。

3. 头等舱、公务舱柜台

乘坐国际、国内航班的重要旅客、头等舱旅客、持有航空公司会员卡的旅客可以在此柜台享受更加便捷和舒适的值机服务。

此柜台还可为持有会员卡的旅客提供里程卡累计、旅程查询及旅程补登等服务。

4. 团体旅客柜台

团体旅客柜台专门为团体旅客办理乘机手续。

总的来说，旅客乘机手续的顺利办理，对于旅客顺利、准确地乘机，安全、舒适地到达目的地是十分重要的。值机人员需掌握航班情况，按照“保证重点，照顾一般”的原则，以“先到先服务”的顺序接收同等级的旅客，按照旅客的不同需求尽量提供周到、细致的服务。值机人员还应注意使用文明用语，并不断提高工作技能和工作效率，尽量缩短旅客办理乘机手续和候机的时间。

二、传统柜台值机服务

传统柜台值机服务是指旅客将选取座位、换取登机牌和行李托运综合在机场的同一时间、同一地点，由机场或航空公司相关服务人员主导完成值机手续的服务。为旅客提供良好的服务和保证航班正常是值机人员应有的职责。传统柜台办理值机手续的流程如下。

1. 客票的查验

旅客乘坐飞机必须交验有效客票，承运人自办理乘机手续至到达目的地的这段时间里，都有权查验旅客的客票，包括客票的合法性、有效性、真实性和准确性，如图 3—1 所示。客票必须在有效期内使用，过期客票可以根据相关票务规定加收改期费或直接作废。

图 3—1　客票的查验

2. 旅行证件的查验

旅客进行航空旅行，必须具备相应的旅行证件。对旅行证件的检查要注意核对证件有效性以及证件与旅客本人的一致性。

有关旅行证件查验的具体内容可以参见本书第 4 章第 2 节。

3. 旅客座位安排

安排好旅客座位，不仅是提高旅客服务质量、维持旅客上下飞机秩序的保证，而且能有计划地安排飞机的载重平衡，确保飞行安全。

办理值机手续时，值机人员可以按照“保证重点，照顾一般”和“先到先服务”的原则让旅客根据自己所持客票的舱位选择座位，也可以采用为旅客指定座位的方法，但无论采用哪种方法，都应尽可能满足旅客的需求。座位安排应符合安全及飞机载重平衡的要求，在此前提下还应考虑到旅客的舒适性。

座位安排还应考虑以下原则：

（1）需要特殊服务的旅客应尽量安排在靠近过道的座位就座，或按旅客的要求安排座位（但不应安排在窗口或紧急出口处）。

（2）如经济舱座位超售或更换机型，在头等舱或公务舱有空余座位的情况下，经航空公司值班经理或营业部负责人同意，可按“逐级提高等级”的原则安排旅客分别在公务舱或头等舱内就座，应从后向前集中安排。

（3）团体旅客、同一家庭成员或需要互相照顾的旅客，如病人及其陪伴人员等，应尽量安排在一起。不同宗教信仰的旅客尽量不要安排在一起。

（4）根据机型的不同，每排座位一般允许安排 2 ~ 4 名两岁以下的婴儿。

（5）老、幼、病、残和孕妇旅客，不足 12 周岁的未成年旅客，行动不便的旅客，缺乏良好中文表达能力、听觉和视觉能力、信息传达能力的旅客和照顾婴儿的旅客均不能安排在紧急出口处和影响紧急出口旅客疏散的就近座位就座，应尽可能安排在方便为其提供服务的座位就座。

（6）国际航班在国内航段载运旅客时，国际、国内旅客分别集中安排。

（7）在经停站下飞机的旅客应安排在客舱靠前部的座位，过站旅客安排在客舱靠后部的座位，不能混合安排。

4. 接收托运行李

旅客凭有效证件办理行李托运手续，航空公司为接收的每件托运行李拴挂行李牌，并将识别联交付旅客，作为旅客领取行李时的凭证。旅客托运的行李装在货舱内与旅客同机运输。不宜放在货舱内运输的行李（如精密仪器、贵重乐器等），需联系航空货运进行运输，或在取得承运人的许可后放在客舱内运输。

5. 值机柜台关闭

在航班离港前一段时间（不同机场要求不同），值机柜台停止接收旅客，如图 3—2 所示。

图 3—2　值机柜台关闭

在停止办理乘机手续后，工作人员清点乘机联，核对准确无误后，在航空记录单上记录航班的总人数、分舱人数、儿童及婴儿人数、行李件数及重量、特殊旅客人数等，并告知运行控制中心、登机口控制、边防、配载等相关部门。旅客登机完毕，值机人员上飞机与乘务人员当面交接旅客人数，待交接完毕、飞机关上舱门后方可离岗。

三、自助值机服务

自助值机服务是民航“简化商务”计划的一部分，即旅客不在传统值机柜台办理值机手续，而是通过航空公司网站或者设在机场的自助值机设备，以及 APP、短信息和微信等方式自助办理乘机手续，如图 3—3 所示。

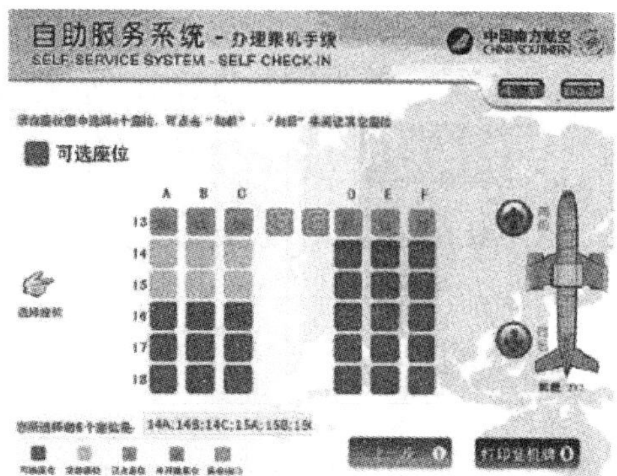

图 3—3　自助值机服务

1. 网上值机

网上值机是指旅客自行通过互联网登录航空公司官方网站自助值机界面，操作完成身份证件验证、选择确定座位并打印纸质登机牌，以自行打印的纸质登机牌通过安检并登机的值机方式。目前国内大多数航空公司均开通了网上自助值机服务，旅客可以登录航空公司官方网站或拨打航空公司官方客服电话进行了解和查询。中国国际航空公司网上值机流程如图 3—4 ~图 3—10 所示。

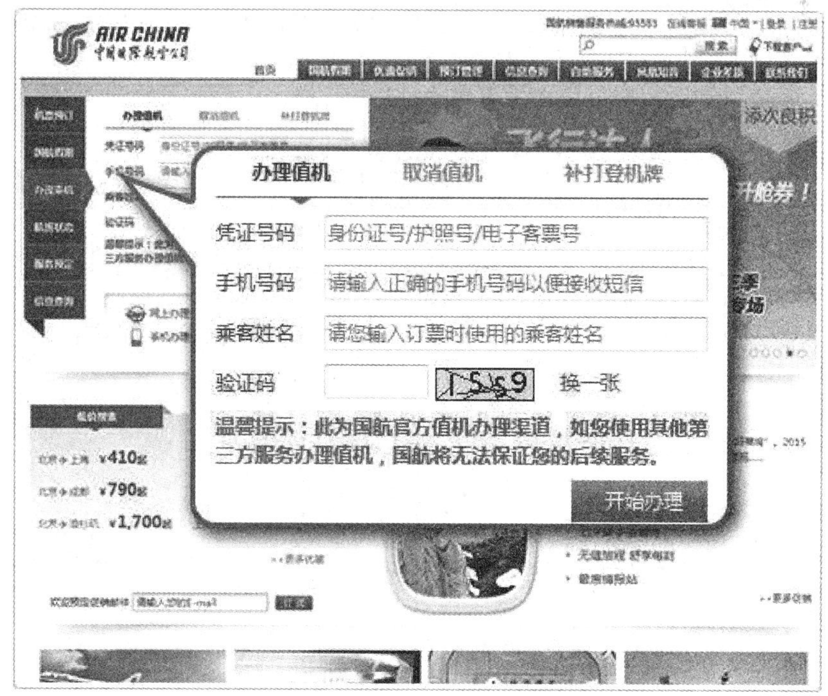

图 3— 4　网上值机第一步

图 3—5　网上值机第二步

图 3—6　网上值机第三步

图 3—7　网上值机第四步

图 3—8　网上值机第五步

图 3—9　网上值机第六步

AIR CHINA
中国国际航空公司

姓名 Name CESHI 测试
航班号 Flight CA 1857　22JAN　Y
自 From 上海 PVG　至 To 北京 PEK 018
登机时间 Boarding Time 19:00:00
座位号 Seat No. 44J

姓名 Name CESHI
自 From SHANGHAI
至 To BEIJING
CA1857　22JAN　Y
座位号 Seat No. 44J

姓名 Name	测试CESHI		电子客票号 ET No	9992339931732	
航班号 Flight	CA1857	日期Dave	22JAN	登机时间 Boarding Time	19:00:00
自 From	SHANGHAI 上海	至To	BEIJING北京	登机号 Boarding No	018
座位号 Seat No	44J	常客号FQT		舱位 Class	Y

温馨提示(请您保存携带完整A4纸登机牌乘机，破损、污染可能会无法正常扫描条码，致使您的行程延误。)

- 为方便旅客，国航官网开始办理值机时限为航班起飞前2日晚20点，鉴于距航班起飞时间较长，登机口尚不确认，所乘航班也可能发生变动，请您抵达机场后，通过机场航班动态展示牌，再次确认登机口信息，如出现临时更换机型等情况，我们将为您重新安排座位，如与您值机时选择的座位不一致，敬请谅解。
- 为保证您的出行，请不晚于航班起飞前2小时，携带购票证件抵达机场，办理托运行李等手续。
- 请旅客自行确认身份证件的有效性。
- 网站渠道自助值机的截止取消时限为航班起飞前2小时，如需取消，请在时限前完成操作。

您下一步需要：请留有充足的时间到达机场，托运行李（若有），并通过安检，在登机口等待登机

图 3—10　网上值机第七步

2. 自助值机设备值机

自助值机设备值机是旅客通过有效身份证件在机场的自助值机设备上选择座位、确认信息并打印登机牌的值机方式，整个过程完全由旅客自行操作，如图 3—11 所示。

图 3—11　自助值机设备值机

机场自助值机设备的操作流程如下：

（1）点击首页“进入”按钮。

（2）在证件号码栏目输入旅客购票时的有效身份证件号码。中华人民共和国颁发的二代身份证和护照可以在自助值机设备上相应位置直接扫描证件信息。

（3）当旅客输入完证件信息后，屏幕会显示旅客的航班信息。点击“确认”按钮后，自助值机系统将进入航班座位选择界面，显示白色的座位为可选座位，旅客可根据喜好选择可选的座位，座位选择完毕按“下一步”按钮即可打印登机牌。

（4）若旅客是持卡常旅客，则可以返回上一页手工输入个人常旅客卡号，进行里程累计。

（5）未打印电子客票行程单的旅客可在操作界面中点击“打印电子客票行程单”按钮进行打印。

3. APP 值机

旅客可以通过如航旅纵横等 APP 进行值机操作，生成二维码，然后在机场使用自助值机设备扫描生成的二维码打印登机牌，具备相应条件的机场和航班，也可直接利用电子登机牌登机。有托运行李的，还要办理行李托运手续。APP 值机流程如图 3—12 ~ 图 3—18 所示。

图 3—12 “打开”界面

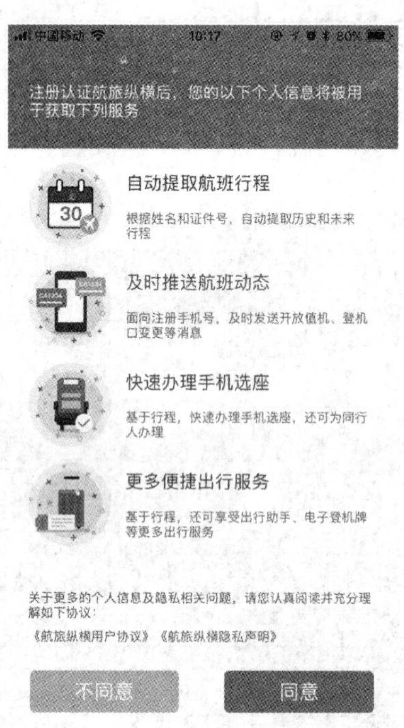

图 3—13 “同意 APP 用户协议”界面

图 3—14 “当前行程”界面

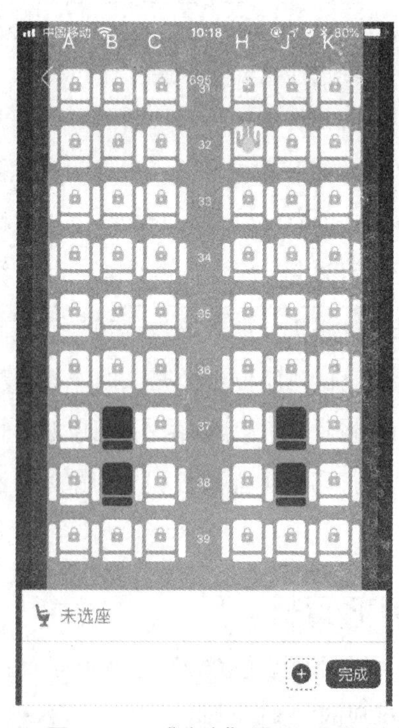

图 3—15 “选座”界面

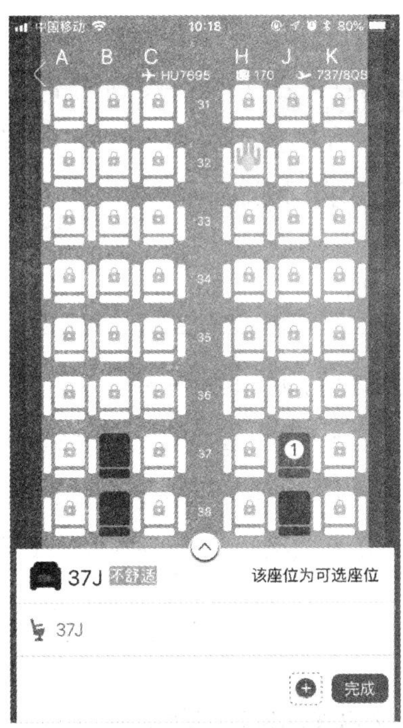

图 3—16 “已选定座位”界面

图 3—17 “完成选座提醒”界面

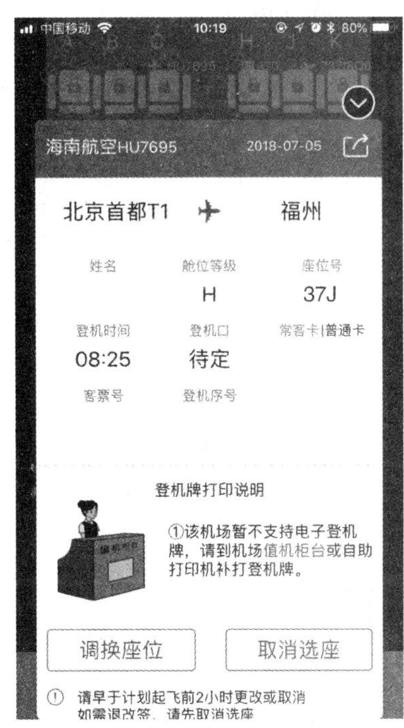

图 3—18 “调换座位和取消选座”界面

4. 短信值机

旅客可在航班起飞前一天下午 2 点开始（不同航空公司具体规定时间不同）至航班起飞前一小时发送需要办理值机的短信到航空公司相应服务号码，然后根据提示回复 2 ~ 3 条短信，即可选择座位。旅客乘机当天可使用自助值机设备打印纸质登机牌登机，有托运行李的还要办理行李托运手续。

5. 微信值机

微信值机是一种方便、快捷的登机手续办理方式。如果无须托运行李，那么通过微信办理登机手续、提前预订座位并将登机牌打印出来，就可以直接通过安检登机，无须到机场值机柜台排队办理登机牌，这样可以节省时间，也更加方便，但有托运行李的还要办理行李托运手续。

在机场或航空公司的官方微信公众号上即可完成微信值机、便捷通关、自选座位等一系列手续。微信值机流程如图 3—19 ~图 3—25 所示。

（1）关注微信公众号

关注相应机场或航空公司的微信公众号，下文以沈阳桃仙国际机场为例进行说明。

（2）进入在线值机菜单

点击菜单“乘机出行”——“在线值机”。

图 3—19　点击“在线值机”

(3) 进入值机页面

点击微信公众号回复的图文消息，进入值机页面。点击“下一步”按钮办理值机。

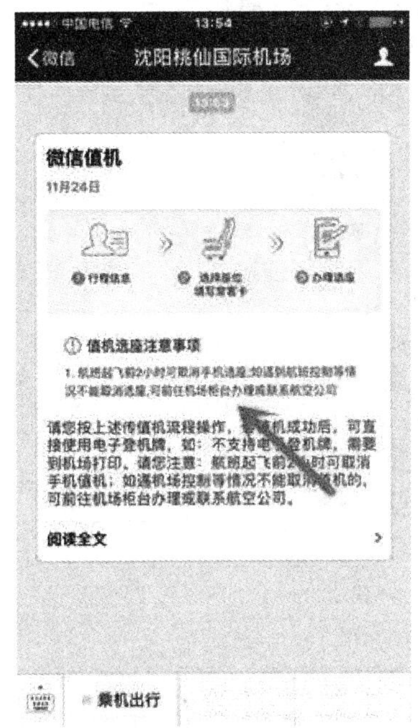

图 3—20　进入值机页面

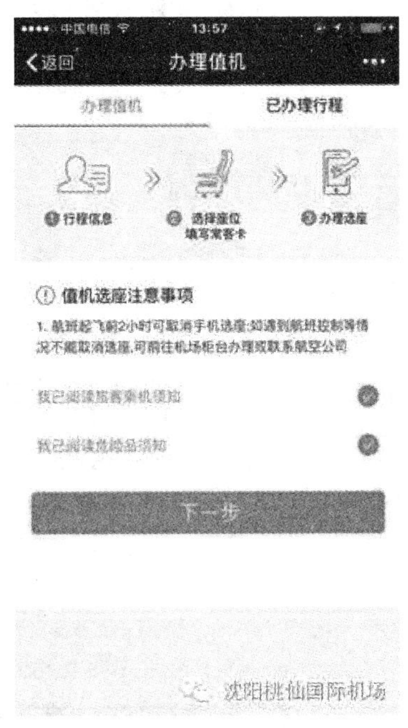

图 3—21　办理值机

(4) 输入个人信息

选择出行证件类型，输入证件号码，输入手机号及验证码后，点击“下一步”按钮。

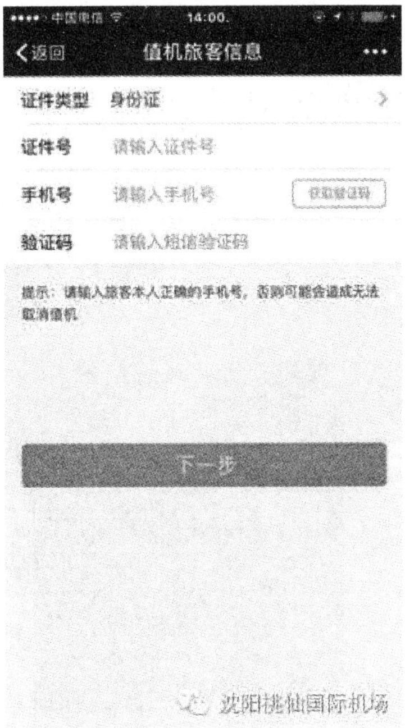

图 3—22　输入个人信息

(5）选择座位

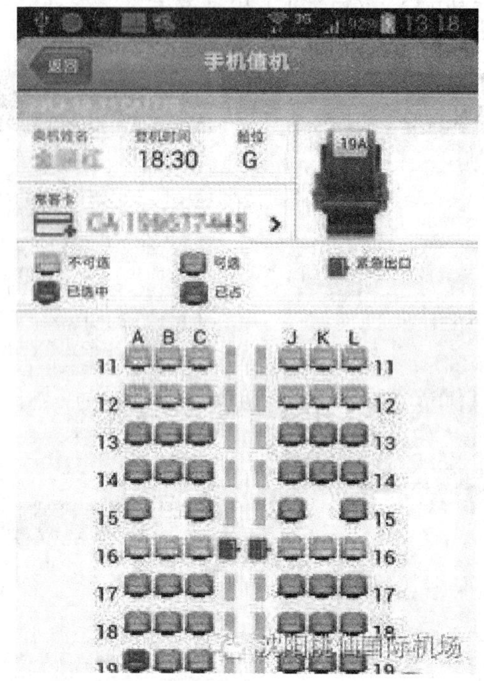

图 3—23　选择座位

(6）生成电子登机牌二维码

座位选择完毕，系统自动生成电子登机牌二维码。

(7）扫描电子登机牌二维码

在微信值机专用安检通道处，扫描微信值机生成的电子登机牌二维码。

图 3—24　扫描电子登机牌二维码

（8）一证通关

扫描电子登机牌二维码后，将打印生成的纸质小票盖上安检章，旅客使用身份证就可以实现一证通关。

图 3—25　一证通关

四、值机环节附加服务销售

值机环节附加服务销售是指各航空公司充分研究旅客需求后，按照合理、透明的定价，为旅客提供高价值的附加服务产品。例如，增加行李、改变座位级别、医疗服务、升舱、优先值机等附加服务。

以国航值机环节的附加服务为例，旅客在其官网可以预订相关附加服务，包括预付费行李、付费预选座位、中转酒店、中转休息室、两舱餐食、专车接送、地空联运等，如图 3—26 ~ 图 3—33 所示。

图 3—26　附加服务预订

图 3—27　预付费行李

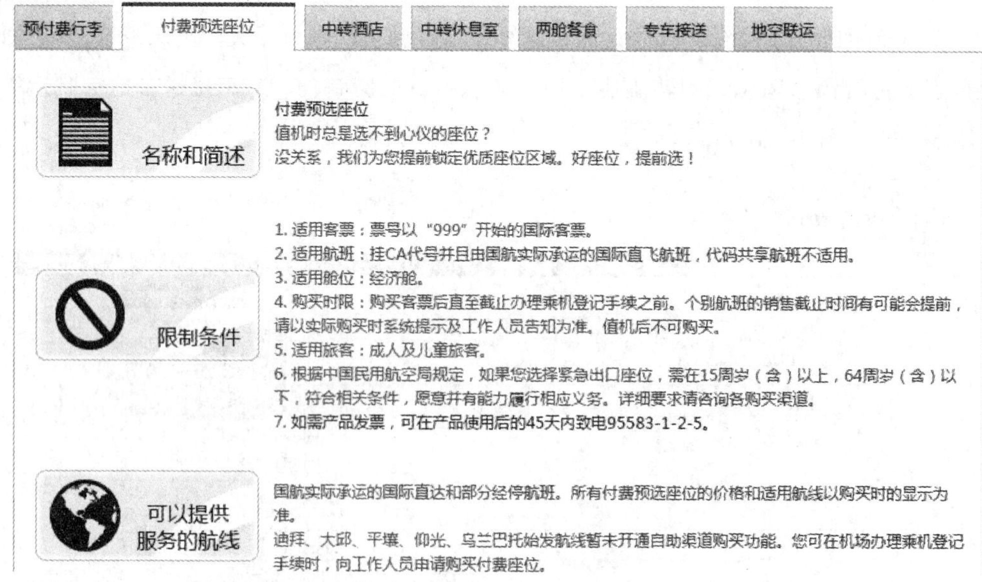

图 3—28　付费预选座位

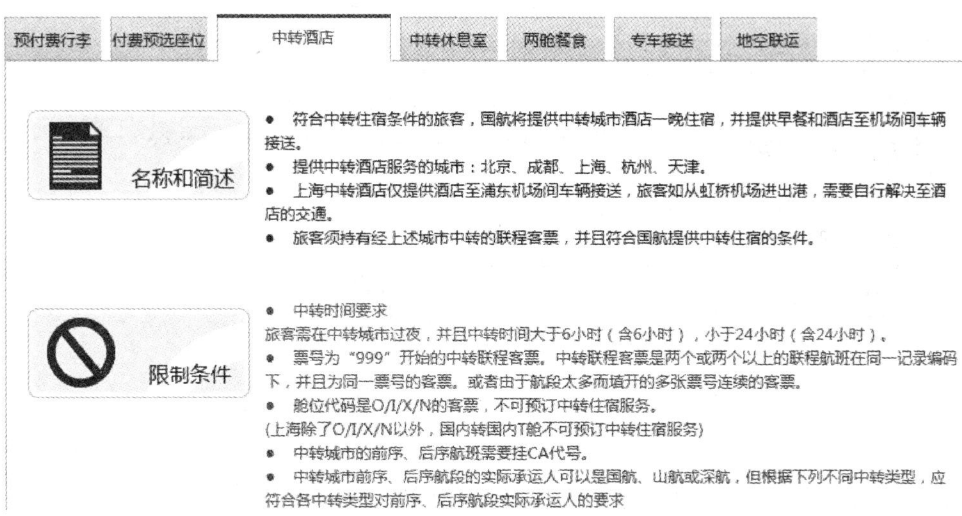

图 3—29　中转酒店

图 3—30　中转休息室

预付费行李 | 付费预选座位 | 中转酒店 | 中转休息室 | 两舱餐食 | 专车接送 | 地空联运

名称和简述

万米高空，享受云端美食，十八道中式菜品为您奉上。
国航为您提供指定远程国际航线头等舱、公务舱餐食预订服务，长途旅行中味蕾享受一下。

限制条件

预订时间截止至航班起飞前24小时（含）
适用旅行日期：即日起至2018年03月24日
适用舱位：F/A/J/C/D/Z/R
适用航线和航班：
欧洲航线航班：
北京-明斯克CA721
北京-维也纳CA841
北京-日内瓦CA861
北京-马德里CA907
北京-莫斯科CA909
北京-法兰克福CA931
北京-巴黎CA933
北京-伦敦CA855、CA937
北京-罗马CA939
北京-慕尼黑CA961
美洲航线航班：
北京-华盛顿CA817
北京-纽约CA981、CA989、CA819
北京-蒙特利尔CA879
北京-洛杉矶CA887、CA983、CA987
北京-旧金山CA985
北京-温哥华CA991
北京-休斯顿CA995
大洋洲、非洲航线航班：
北京-奥克兰CA783
北京-约翰内斯堡CA867

图 3—31　两舱餐食

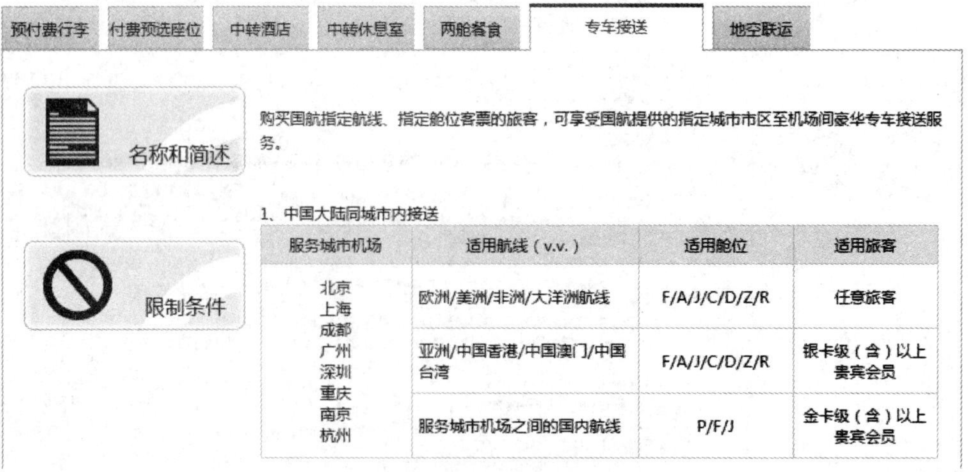

预付费行李 | 付费预选座位 | 中转酒店 | 中转休息室 | 两舱餐食 | 专车接送 | 地空联运

名称和简述

购买国航指定航线、指定舱位客票的旅客，可享受国航提供的指定城市市区至机场间豪华专车接送服务。

限制条件

1、中国大陆同城市内接送

服务城市机场	适用航线（v.v.）	适用舱位	适用旅客
北京 上海 成都 广州 深圳 重庆 南京 杭州	欧洲/美洲/非洲/大洋洲航线	F/A/J/C/D/Z/R	任意旅客
	亚洲/中国香港/中国澳门/中国台湾	F/A/J/C/D/Z/R	银卡级（含）以上贵宾会员
	服务城市机场之间的国内航线	P/F/J	金卡级（含）以上贵宾会员

图 3—32　专车接送

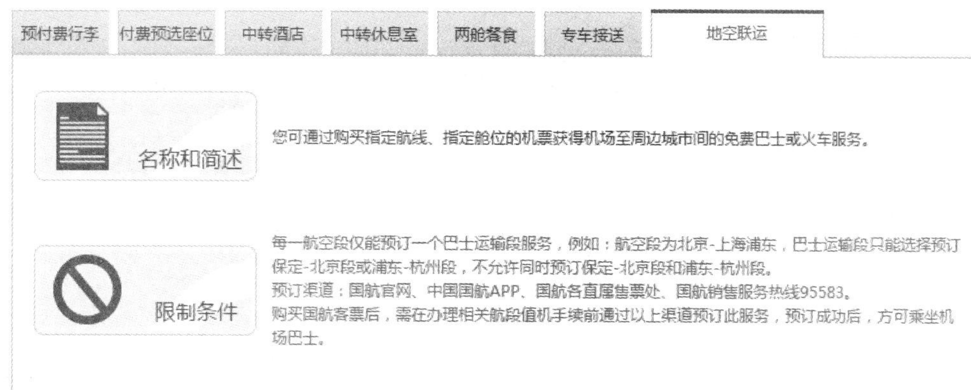

图 3—33　地空联运

第 2 节　旅客行李托运服务

一、托运行李及行李托运服务概念

1. 托运行李概念

托运行李是指旅客交由航空公司负责照管和运输，并出具行李牌识别联的行李。航空公司对托运行李的相关限制如下：

（1）重量限制。每件行李重量需大于等于 2 千克且小于等于 32 千克。超过 32 千克的托运行李应分成两件托运行李。

（2）尺寸限制。每件普通托运行李的长、宽、高三边长度之和，需大于或等于 60 厘米，小于或等于 203 厘米（包括滑轮和把手）。

2. 行李托运服务概念

行李托运服务是指航空公司为旅客提供的行李服务，具体包括办理行李托运、行李分拣与确认、行李追踪、行李中转和特殊行李服务等。

二、行李托运服务的规定

《中国民用航空旅客、行李国内运输规则》对行李运输有如下规定（不同机场和航空公司在具体操作中会存在一定差异）。

1. 托运行李应符合的条件

第三十七条规定，托运行李必须包装完善、锁扣完好、捆扎牢固，能承受一定的压力，能够在正常的操作条件下安全装卸和运输，并应符合下列条件，否则，承运人可以拒绝收运：

（1）旅行箱、旅行袋和手提包等必须加锁。

（2）两件以上的包件，不能捆为一件。

（3）行李上不能附插其他物品。

（4）竹篮、网兜、草绳、草袋等不能作为行李的外包装物。

（5）行李上应写明旅客的姓名、详细地址、电话号码。托运行李的重量每件不能超过 50 公斤，体积不能超过 40 厘米 ×60 厘米 ×100 厘米，超过上述规定的行李，须事先征得承运人的同意才能托运。自理行李的重量不能超过 10 公斤，体积每件不超过 20 厘米 ×40 厘米 ×55 厘米。随身携带物品的重量，每位旅客以 5 公斤为限。持头等舱客票的旅客，每人可随身携带两件物品。每件随身携带物品的体积均不得超过 20 厘米 ×40 厘米 ×55 厘米。超过上述重量、件数或体积限制的随身携带物品，应作为托运行李托运。

第三十八条规定，每位旅客的免费行李额（包括托运和自理行李）：持成人或儿童票的头等舱旅客为 40 公斤，公务舱旅客为 30 公斤，经济舱旅客为 20 公斤。持婴儿票的旅客无免费行李额。搭乘同一航班前往同一目的地的两个以上的同行旅客如在同一时间、同一地点办理行李托运手续，其免费行李额可以按照各自的客票价等级标准合并计算。构成国际运输的国内航段，每位旅客的免费行李额按适用的国际航线免费行李额计算。

第三十九条规定，旅客必须凭有效客票托运行李。承运人应在客票及行李票上注明托运行李的件数和重量。承运人一般应在航班离站当日办理乘机手续时收运行李；如团体旅客的行李过多，或因其他原因需要提前托运时，可与旅客约定时间、地点收运。承运人对旅客托运的每件行李应拴挂行李牌，并将其中的识别联交给旅客。经承运人同意的自理行李应与托运行李合并计重后，交由旅客带入客舱自行照管，并在行李上拴挂自理行李牌。不属于行李的物品应按货物托运，不能作为行李托运。

第四十一条规定，承运人为了运输安全，可以会同旅客对其行李进行检查；必要时，可会同有关部门进行检查。如果旅客拒绝接受检查，承运人对该行李有权拒绝运输。

第四十二条规定，旅客的托运行李，应与旅客同机运送，特殊情况下不能同机运送时，承运人应向旅客说明，并优先安排在后续的航班上运送。

第四十三条规定，旅客的托运行李，每公斤价值超过人民币 50 元时，可办理行李的声明价值。承运人应按旅客声明的价值中超过本条第一款规定限额部分价值的 5‰收取声明价值附加费。金额以元为单位。托运行李的声明价值不能超过行李本身的实际价值。每一旅客的行李声明价值最高限额为人民币 8 000 元。如承运人对声明价值有异议而旅客又拒绝接受检查时，承运人有权拒绝收运。

2. 逾重行李相关规定

第四十条规定，旅客的逾重行李在其所乘飞机载量允许的情况下，应与旅客同机运送。旅客应对逾重行李付逾重行李费，逾重行李费率以每公斤按经济舱票价的 1.5% 计算，金额以元为单位。

3. 违章行李相关规定

第四十六条规定，旅客的托运行李、自理行李和随身携带物品中，凡夹带国家规定的禁运物品、限制携带物品或危险物品等，其整件行李称为违章行李。对违章行李的处理规定如下：

（1）在始发地发现违章行李，应拒绝收运；如已承运，应取消运输，或将违章夹带物品取出后运输，已收逾重行李费不退。

（2）在经停地发现违章行李，应立即停运，已收逾重行李费不退。

（3）对违章行李中夹带的国家规定的禁运物品、限制携带物品或危险品，交有关部门处理。

4. 行李退运相关规定

第四十七条规定，由于承运人的原因，需要安排旅客改乘其他航班，行李运输应随旅客做相应的变更，已收逾重行李费多退少不补；已交付的声明价值附加费不退。行李的退运按如下规定办理：

（1）旅客在始发地要求退运行李，必须在行李装机前提出。如旅客退票，已托运的行李也必须同时退运。以上退运，均应退还已收逾重行李费。

（2）旅客在经停地退运行李，该航班未使用航段的已收逾重行李费不退。

（3）办理声明价值的行李退运时，在始发地退还已交付的声明价值附加费，在经停地不退已交付的声明价值附加费。

5. 领取行李相关规定

第四十八条规定，旅客应在航班到达后立即在机场凭行李牌的识别联领取行李。必要时，应交验客票。承运人凭行李牌的识别联交付行李，对于领取行李的人是否确系旅客本人，以及由此造成的损失及费用，不承担责任。旅客行李延误到达后，承运人应立即通知旅客领取，也可直接送达旅客。旅客在领取行李时，如果没有提出异议，即为托运行李已经完好交付。旅客遗失行李牌的识别联，应立即向承运人挂失。旅客如果要求领取行李，应向承运人提供足够的证明，并在领取行李时出具收据。如在声明挂失前行李已被冒领，承运人不承担责任。

第四十九条规定，无法交付的行李，自行李到达的次日起，超过 90 天仍无人领取，承运人可按照无法交付行李的有关规定处理。

6. 行李延误、丢失或损坏相关规定

第五十条规定，行李运输发生延误、丢失或损坏，该航班经停地或目的地的承运人或其代理人应会同旅客填写《行李运输事故记录》，尽快查明情况和原因，并将调查结果答复旅客和有关单位。如发生行李赔偿，在经停地或目的地办理。因承运人原因使旅客的托运行李未能与旅客同机到达，造成旅客旅途生活的不便，在经停地或目的地应给予旅客适当的临时生活用品补偿费。

第五十一条规定，旅客的托运行李全部或部分损坏、丢失，赔偿金额每公斤不超过人民币 50 元。如行李的价值每公斤低于 50 元时，按实际价值赔偿。已收逾重行李费退还。旅客丢失行李的重量按实际托运行李的重量计算。无法确定重量时，每一旅客的丢失行李最多只能按该旅客享受的免费行李额赔偿。旅客的丢失行李如已办理行李声明价值，应按声明的价值赔偿，声明价值附加费不退。行李的声明价值高于实际价值时，应按实际价值赔偿。行李损坏时，按照行李降低的价值赔偿或负担修理费用。由于发生在上、下航空器期间或航空器上的事件造成旅客的自理行李和随身携带物品灭失，承运人负担的最高赔偿金额每位旅客不超过人民币 2 000 元。构成国际运输的国内航段，行李赔偿按适用的国际运输行李赔偿规定办理。已赔偿的旅客丢失行李找到后，承运人应迅速通知旅客领取，旅客应将自己的行李领回，退回全部赔款。临时生活用品补偿费不退。发现旅客有明显的欺诈行为，承运人有权追回全部赔款。

第五十二条规定，旅客的托运行李丢失或损坏，应按法定时限向承运人或代理人提出赔偿要求，并随附客票（或影印件）、行李牌的识别联、《行李运输事故记录》、证明行李内容和价格的凭证以及其他有关的证明。

三、行李托运服务的流程

1. 办理行李托运

（1）柜台办理行李托运

行李运输是随旅客运输而产生的，与旅客运输有着不可分割的关系。收运行李工作是整个行李运输工作流程的第一道工序，是行李运输中最重要的工作环节。柜台办理行李托运是指工作人员及时为旅客提供优质、规范、高效的行李打包及收费服务，确保打包及收费工作顺利完成。柜台办理行李托运如图 3—34 所示。

柜台办理行李托运时，柜台工作人员需要进行以下工作：①了解行李的内容是否属于行李的范围；②了解行李内是否夹带禁运品、违法物品或危险品，是否有易碎易损、贵重物品或不能作为交运行李运输的物品；③检查行李的包装是否符合要求；④检查行李的体积、重量是否符合要求；⑤行李过秤；⑥免费行李额确定与逾重行李收费。

旅客到柜台办理行李托运时，柜台打包员接收旅客行李并进行打包，打包员打包完毕，将旅客打包件数及纸箱数量告知收费员。收费员根据收费标准、旅客打包的行李件数及纸箱数量收取相应的金额，收费完毕，将发票和找赎钱款交给旅客，并请旅客当面清点。工作人员应严把行李外包装质量关，对不符合规定的行李，耐心地向旅客解释重新包装的重要性，并请旅客重新包装行李。

行李托运办理完毕，柜台工作人员应将行李牌交付旅客。行李牌分运输联、识别联和一个或者多个检查联。旅客的每件托运行李都应贴挂行李牌，并将识别联粘贴在登机牌上交付旅客。行李牌按其式样分为横式和竖式，按其使用方式分为拴挂式和粘贴式。柜台工作人员贴挂行李牌时，如托运行李上已贴挂有旧的行李牌，应将旧行李牌取下。除贴挂行李牌外，还应根据情况选择贴挂行李标识。

（2）自助办理行李托运

自助办理行李托运是指由旅客自助完成打印行李牌、交运行李、领取行李凭证的全流程行李托运手续，如图 3—35 所示。自助办理行李托运为旅客提供了更加便利的出行服务。我国目前可以自助办理行李托运的机场包括北京首都国际机场、广州白云国际机场和上海浦东国际机场。

自助办理行李托运流程可以概括为：提取航班信息—打印行李牌—拴挂行李条—交运行李—取走行李牌领取联，如图 3—36 所示。

图 3—34　柜台办理行李托运

图 3—35　自助办理行李托运

旅客在自助乘机登记机器上办理乘机手续时输入托运行李件数，即可在线打印出登机牌的同时获得行李牌拴挂联，旅客将行李牌拴挂在托运行李上，在行李交运柜台交运，即可获取行李牌领取联，完成行李的自助托运手续。通过此项服务，旅客办理行李托运手续多了一种选择，无须在柜台办理行李托运，节省了排队等待的时间，提高了出行的效率，旅客可以真正体验到全流程自助乘机服务的便捷。

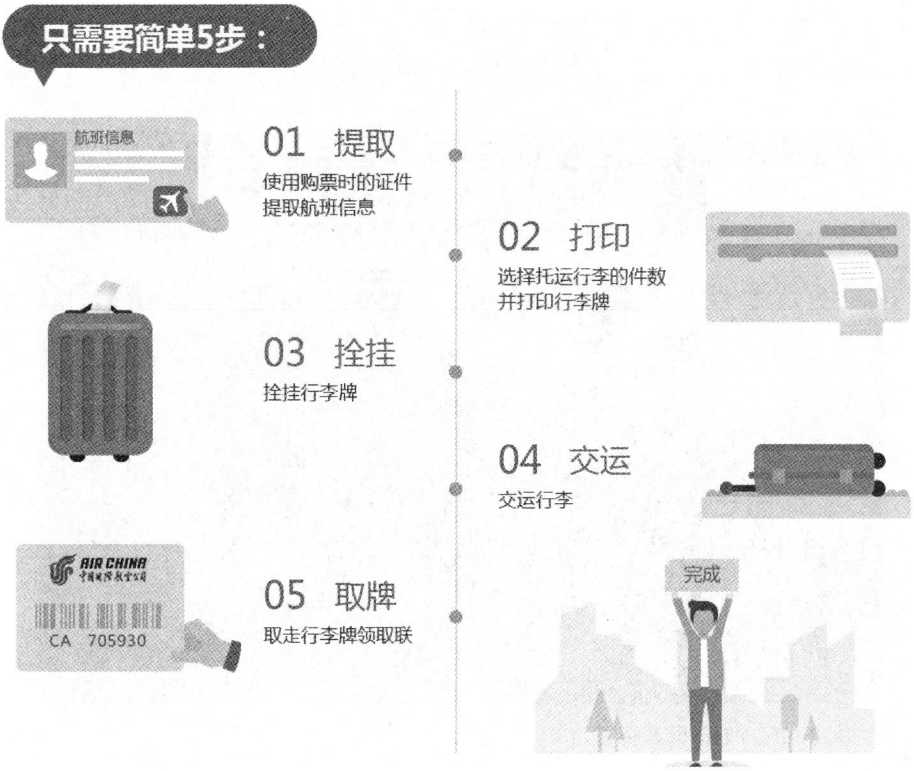

图 3—36　自助办理行李托运流程图

2. 行李分拣与确认

行李分拣员的行李分拣工作程序如下。

(1) 到达岗位

行李分拣员在航班办理乘机手续前 5 分钟需要了解航班动态，整理好各种单据及交接记录簿，按时到达岗位。

(2) 分拣行李

行李分拣员仔细检查行李牌上注明的航班号、目的站，将不同航班的行李分拣好，分别放在相应的拖卡上，撕下行李牌存根联，按不同航班贴在不同的登记表上，如行李的存根联脱落或行李为免除责任行李或速运行李，则将该行李的号码填在该航班的登记表上做好记录，摆放好行李。

(3) 处理异常行李

发生或发现破损、污染情况或不符合托运标准等不正常的行李，行李分拣员应及时通知值机部门采取必要的补救措施，经修整符合运输条件后方可运出。因其本身内物造成且（或）经修整后仍未符合运输条件，此行李暂不发运，应及时将情况通知行李查询处，如图 3—37 所示。

图 3—37　处理异常行李

（4）交接出港行李

当航班结关后，由值机人员填写行李交接牌，将最后一件行李传送给行李分拣员，与其进行交接。行李分拣员应认真核对行李件数，并将行李件数情况通知值机人员，如行李件数正确，则与值机人员交接完毕，否则需值机人员重新核对、查找。行李分拣员将行李总件数及航班号等资料填入行李装机交接单，与外场搬运人员进行交接，双方在记录簿上签字，将航班交接情况填入出港行李记录。

（5）结束

行李分拣员将行李存根联用业务袋封装保存，以便日后备查。

在一些大型机场，行李分拣工作由机器进行，机场会配备专业的行李分拣系统进行行李分拣和打印行李分拣条。

3. 行李追踪

如今航空出行已经十分普及，航空公司的旅客数量不断上升，与此同时，航空公司需要扫描检查的行李也越来越多。目前，每年全球各地的航空公司大约会扫描检查 45 亿件行李。对于大量的行李，如何高效扫描与跟踪是个难题。为了提高行李处理的效率和准确性，国际航空运输协会（IATA）发布了第 753 号决议，该决议要求在 2018 年 6 月前，航空公司应在每个中转点及装卸点跟踪行李运输过程以减少行李丢失和错拿的情况。为了满足第 753 号决议的要求，民航行业针对行李的追踪部署了相关投资计划。

目前，针对行李追踪应用最广的是射频识别（RFID）技术。射频识别技术是一种无线通信技术，又称无线射频识别（俗称电子标签），它可以通过无线电信号识别特定目标并读写相关数据。在机场值机柜台处，工作人员给旅客的行李贴上 RFID 标签，在柜台、行李传送带和货仓处分别安装上射频读写器，这样航空管理系统就可以全程跟踪行李，直到行李到达旅客的手中，从而解决行李丢失等问题。

知识链接

射频识别技术在国际上的广泛应用

新西兰航空公司、澳洲航空公司和阿拉斯加航空公司都曾为常旅客提供永久使用的 RFID 行李牌。在 2016 年，达美航空公司投资了 5 000 万美元，用于在全球 344 个站点部署射频识别技术，成为美国首家提供全旅客实时行李追踪服务的航空公司。该航空公司表示，射频识别技术的初步部署可确保人们成功追踪 99.9%的行李。

4. 行李中转

行李中转服务是民航部门针对购买联程机票的旅客开展的“一托到底”服务。从售票环节开始，每个部门都会把中转旅客的姓名、人数、换乘航班情况通知后续部门。中转旅客到达换乘机场后，无须提取行李，中转机场会根据机场提示或地勤引导将行李转机。

5. 特殊行李服务

特殊行李是指旅客携带的行李物品超出行李定义范围的行李。常见的特殊行李服务规定如下（不同的航空公司提供的特殊行李服务会有所差异）。

(1) 不建议作为托运行李或夹入行李内托运的物品

现金、有价票证、珠宝、贵重金属及其制品、古玩字画、计算机、个人电子设备、样品、重要文件和资料、旅行证件等物品以及个人需定时服用的处方药。

（2）需征得航空公司同意方可运输的物品

1）精密仪器、电子产品及精密设备。音响、洗衣机、电冰箱、计算机、录音机等应作为托运行李托运，在托运时应具有出厂包装或符合航空公司要求的包装。上述物品不在免费托运行李之列，应作为超重行李收取费用。航空公司将根据托运行李的政策规定对此类物品承担责任。

2）体育运动器械设备。体育用枪支与弹药应作为托运行李托运，托运时必须出具有关部门发放的运输证明并与证明一起托运。此类物品应上锁并分别包装，并在托运前获得航空公司的托运批准。每位旅客可托运体育用弹药限额为 5 千克（毛重）。团体旅客应将其体育用弹药分别包装。此类物品不在免费托运行李之列，应作为超重行李收取费用。运输体育用枪支与弹药的旅客应在启程前 90 分钟内完成所有检查手续。

3）小动物。小动物不得直接带入客舱，必须装在货舱内作为托运行李运输。旅客如需托运小动物，应事先与航空公司联系，经安排后方可运输。

4）旅客在旅途中使用的折叠或电动轮椅。折叠或电动轮椅均作为托运行李托运。两者均属于免费托运行李，不计算在免费托运行李限额内。如果乘客在办理登机手续过程中需要使用轮椅，在经过航空公司许可后，轮椅在旅客登机时在登机口交运。

5）利器与钝器。短于 6 厘米的医疗器械、刀刃在 6 厘米以上的专用尖锐切割工具和钝器以及生产生活工具，如厨刀、水果刀、餐刀、工艺用刀、手术刀、剪刀、镰刀、表演工具、剑、标枪、古董或旅行纪念装饰品、铁刺、斧头、短棒、铅锤等，应作为托运行李运送，不得携入客舱。

6）干冰、液体饮料、液体化妆品及日用品。此类物品既可托运也可作为随身行李携入客舱。作为随身行李的限制为：干冰应在低温下冷藏，每位旅客携带的干冰总重量不应超过 2.5 千克；每位旅客不得携带两瓶（每瓶容积不超过 500 毫升）以上碳酸饮料、矿泉水、茶、牛奶、酸奶、果汁等；每位旅客不得携带 350 毫升以上瓶装衣领净、摩丝、增白剂、杀虫剂、空气清新剂，500 毫升以上香水，体积超过 1 000 毫升或重量超过 1 千克的类似物品。

思考与练习

1. 机场的值机柜台分为哪几种类型？

2. 在传统柜台办理值机手续包括哪些内容？

3. 目前有哪几种自助值机途径？

4. 柜台办理行李托运服务的流程是什么？

第 4 章 旅客安检服务

旅客安检服务是指乘坐民航飞机的旅客在登机前必须接受的一项人身和行李检查项目，是为了保证旅客自身安全和飞机飞行安全所采取的一项必要措施。本章重点介绍了机场安检设备、旅客证件查验和开箱（包）检查等相关内容。

学习目标

☞ 了解机场的各种安检设备

☞ 了解旅客乘机的有效证件种类，掌握民航机场证件检查的工作程序和方法

☞ 了解民航机场开箱（包）检查的流程，掌握开箱（包）检查异常情况的处理

第 1 节　机场安检设备概述

为了提高安检的效率和保证安全，机场安检人员需熟练使用安检设备对旅客证件和随身携带行李进行查验。

安检设备为安全检查设备的简称，主要包括安检门、X 射线安检仪、危险液体检测仪、手持金属探测器、车底视频检查镜、鞋内金属探测仪、软管内窥镜等。安检设备主要用于机场、法院、检察院、监狱、车站、博物馆、体育馆、会展中心、演出场所、娱乐场所等场所。下面主要介绍机场常用安检设备。

一、安检门

安检门是一种检测人员有无携带金属物品的探测装置，又称金属探测门。安检门主要应用在机场、车站、大型会议等人流量较大的公共场所来检查人身上隐藏的金属物品，如枪支、管制刀具等。安检门如图 4—1 所示。

图 4—1　安检门

二、X 射线安检仪

X 射线安检仪又称安检机、行李安检仪，是借助于输送带将被检查行李送入 X 射线检查通道而完成检查的电子设备，主要设置在地铁站、机场、博物馆、政府机关等需要安检的场所。X 射线安检仪如图 4—2 所示。

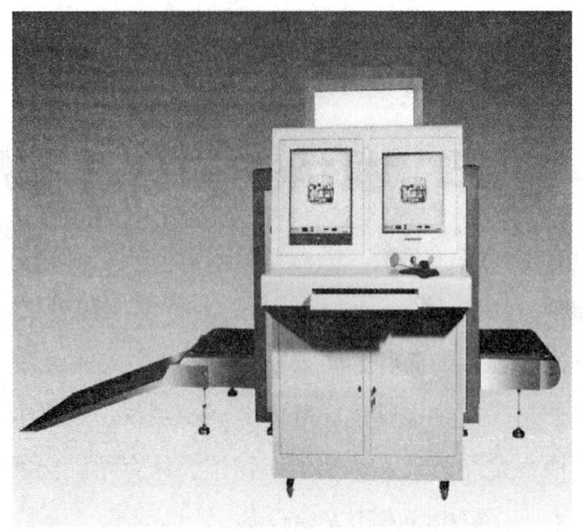

图 4—2　X 射线安检仪

三、危险液体检测仪

危险液体检测仪是一款用于检测易燃易爆液体的安检仪器，采用准静态计算机断层扫描技术，通过测定待测液体的介电常数和电导率，从而判断其易燃易爆性。危险液体检测仪如图 4—3 所示。

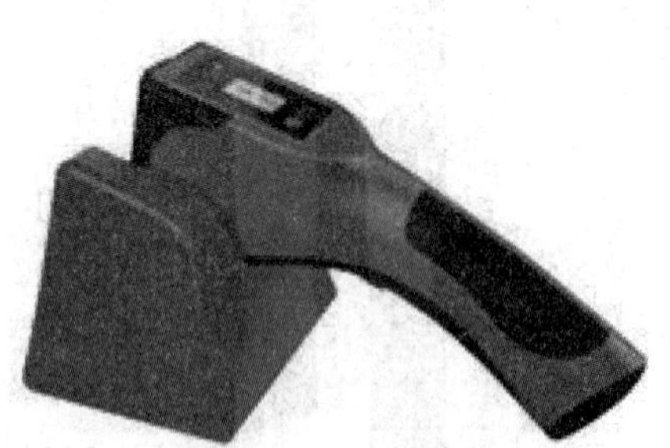

图 4—3　危险液体检测仪

四、手持金属探测器

手持金属探测器是金属探测器的一种，因使用方式为手持而得名，主要用于公共场所防盗、场所安检。相对于安检门，手持金属探测器更加精确，它通过对金属物品的电磁感应而报警，报警方式主要有声光、震动，或者通过耳机报警等。手持金属探测器如图 4—4 所示。

图 4—4　手持金属探测器

第 2 节　旅客证件查验

一、旅客乘机的有效证件

根据《民用航空安全检查规则》第三十一条规定，乘坐国内航班旅客的乘机有效证件见表 4—1。

表 4—1　乘坐国内航班旅客的乘机有效证件

序号	有效证件
1	中国大陆地区居民的居民身份证、临时居民身份证、护照、军官证、文职干部证、义务兵证、士官证、文职人员证、职工证、武警警官证、武警士兵证、海员证
2	香港、澳门地区居民的港澳居民来往内地通行证
3	台湾地区居民的台湾居民来往大陆通行证
4	外籍旅客的护照、外交部签发的驻华外交人员证、外国人永久居留证
5	民航局规定的其他有效乘机身份证件
6	十六周岁以下的中国大陆地区居民的有效乘机身份证件，还包括出生医学证明、户口簿、学生证或户口所在地公安机关出具的身份证明

二、证件检查的程序

1. 人、证对照

验证检查员接收证件时，要注意观察持证人的五官特征，再看证件上的照片与持证人五官是否相符。

2. 核对“三证”

一是核对证件上的姓名与机票上的姓名是否一致；二是核对机票是否有效，有无涂改痕迹（电子机票无须核对此项）；三是核对登机牌所注航班是否与机票一致。

3. 采集信息

扫描旅客的登机牌，自动采集并存储旅客相关信息，同时查验持证人是否为查控对象。查验无误后，按规定在登机牌上加盖验讫章放行。

三、证件检查特殊情况处理

1. 证件检查特殊情况处理程序

（1）发现旅客的证件存在问题时，首先要将旅客的证件或机票掌握在验证检查员手中，并密切关注旅客。

（2）在密切关注旅客的同时，应联系现场值班领导。

（3）等现场值班领导到达后，向现场值班领导进行说明，并将相关手续及旅客转交值班领导进行处理。

2. 涂改、伪造、变造、冒名顶替证件的处理方法

（1）旅客持涂改、伪造、变造、冒名顶替证件乘机是违法行为，验证检查员发现后，应立即报告值班领导，做好登记，并移交机场公安机关审查处理。

（2）如果是境外人员非法持有国内居民身份证件时，应将其移交机场公安机关处理。

（3）如果上述旅客年事已高（按法定离退休年龄掌握）、经机场公安机关查明真实身份且无前科的情况下，在收缴其非法证件并依法处罚后，可视情况由安检部门对其实施严格的安全检查，准予乘机。

3. 过期证件的处理方法

（1）旅客所持居民身份证过期时间不到六个月的，可予以放行；超过六个月的不予放行。

（2）旅客所持临时居民身份证过期时间在十五天以内的，经值班领导批准可予以放行，超过十五天的不予放行。

4. 旅客因故不能出示居民身份证件的处理方法

（1）旅客因故不能出示居民身份证件，但旅客持有其他允许的乘机证件，可予以放行。

（2）旅客因故不能出示居民身份证件，但又不具备其他允许的乘机证件，则交现场值班领导处理。

第 3 节　开箱（包）检查

一、开箱（包）检查概述

开箱（包）检查属于人工检查，即由开箱（包）检查员对旅客行李进行手工翻查，如图 4—5 所示。

图 4—5　机场开箱（包）检查

为避免危险品被带上飞机威胁飞行安全，开箱（包）检查员在下列情况下应进行开箱（包）检查：

1. 旅客将随身携带的手提行李物品放在 X 射线安检仪的传送带上，安检人员通过荧光屏检查时，如发现有异物，需由检查人员开箱（包）检查。

2. 根据相关要求，随机抽取部分旅客行李进行开箱（包）检查。正常情况下，保持开包复查比率不低于 10%。

3. 安检人员发现旅客形迹可疑时，可报告现场值班领导对该旅客的行李进行开箱（包）检查。

二、开箱（包）检查的工作要求

开箱（包）检查的工作要求如下：

1. 开箱（包）检查时，旅客必须在场，并请旅客将箱（包）打开。

2. 检查时要认真仔细，特别要注意重点部位，如箱（包）的底部、角部、外侧小兜，并注意发现有无夹层。

3. 没有进行安全检查的行李要加强监控措施，防止已查验的行李箱（包）与未经安全检查的行李箱（包）调换或夹塞违禁（危险）物品。

4. 对旅客的物品要轻拿轻放，如有损坏，应照价赔偿。检查完毕，应尽量按原样放好。

5. 开箱（包）检查发现危害较大的违禁物品时，应采取措施控制住携带者，防止其逃离现场，并将箱（包）重新经 X 射线安检仪检查，以查清是否藏有其他危险物品，必要时将其带入检查室彻底清查。

6. 若旅客申明所携带物品不宜接受公开检查时，安检部门可根据实际情况，避免在公开场合检查。

7. 开箱（包）的行李经人工检查完后，必须再次经过 X 射线安检仪检查。

三、开箱（包）检查的流程

开箱（包）检查一般是通过人的眼、耳、鼻、手等感官进行检查，根据不同的物品采取相应的检查方法，如看、听、摸、拆、掂、捏、嗅、探、摇、敲、开等。开箱（包）检查的程序如下：

1. 观察外层

查看箱（包）的外形，检查外部小口袋及有拉链的外夹层。

2. 检查内层和夹层

用手沿箱（包）的各个侧面上下摸查，将所有的夹层、底层和内层小口袋检查一遍。

3. 检查箱（包）内物品

按 X 射线安检仪操作员所指的重点部位和物品进行检查。在没有具体目标的情况下应一件一件地检查。已查和未查的物品要分开，放置要整齐有序。如箱（包）内有枪支等重大违禁物品，应先取出保管好，然后再细查其他物品，同时要对旅客采取看护措施。

4. 善后处理

检查后如有问题应及时报告现场值班领导或交公安机关处理。没有发现问题的应协助旅客将物品放回箱（包）内，并对其合作表示感谢。

四、开箱（包）检查异常情况处理

1. 违禁物品处理

对开箱（包）检查中发现的危险品、违禁品的处理方式如下。

（1）对非管制刀具的处理

非管制刀具不准随身携带，可准予托运。

国际航班如有特殊要求，经相关部门批准，可按其要求进行处理。

（2）对走私物品、淫秽物品、毒品、赌具、伪钞、反动宣传品等的处理

对查出的走私物品、淫秽物品、毒品、赌具、伪钞、反动宣传品等，应做好登记，并将人和物移交民航公安机关、海关等相关联检单位依法处理。

（3）对含有易燃物质的日常生活用品的处理

含有易燃物质的日常生活用品不准随身携带，可准予托运。

对医护人员携带的抢救危重病人所必需的氧气袋等用品，凭医疗机构的证明予以检查放行。

2. 暂存和移交

（1）暂存

对旅客携带的限制随身携带物品，安检部门可予以定期暂存。办理暂存时，要开具单据并注明期限，旅客凭单据在规定期限内领取。逾期未领的，视为无人认领物品，交由民航公安机关处理。

（2）移交

移交是指安检部门按规定将安全检查工作中遇到的问题移交给各有关部门，包括移交民航公安机关、移交其他有关部门和移交机组等。

1）移交民航公安机关。安检中发现可能被用来劫（炸）机的武器、弹药、管制刀具以及假冒证件等，应当连人带物移交所属民航公安机关审查处理。移交时，应填写好移交清单，相互签字并注意字迹清晰，不要漏项。

2）移交其他有关部门。对在安检中发现的被认为是走私的黄金、文物、毒品、淫秽物品、伪钞等，应连人带物移交有关部门审查处理。

3）移交机组。旅客携带禁止随身携带但可作为行李托运的物品且来不及办理托运的，按规定或根据航空公司的要求为旅客办理手续后移交机组带到目的地后交还。

思考与练习

1. 机场主要安检设备包括哪些？
2. 证件检查遇到异常情况时如何处理？
3. 开箱（包）检查的程序是什么？
4. 对开箱（包）检查中发现的危险品、违禁品如何处理？

第 5 章 旅客登机与中转服务

旅客登机服务是指机场工作人员在登机环节有序组织旅客登机的服务。旅客中转服务是指机场工作人员为中转旅客提供的如引导、问询、安排食宿等服务。本章对两种登机模式、旅客登机服务的流程和注意事项以及四种中转类型涉及的旅客中转服务进行了介绍。

学习目标

☞ 了解两种登机模式，掌握旅客登机服务的流程和注意事项

☞ 了解旅客中转服务的四种类型

第 1 节　旅客登机服务

一、旅客登机服务概述

旅客办理好值机、行李托运手续和通过安检后，即可进入候机楼候机，根据登机牌所显示的登机口在相应的候机厅候机休息，听广播提示进行登机。旅客开始登机的时间依据机型、航班停留或过站时间、航站保障能力等决定，一般为航班规定离港时间前 20 ~ 40 分钟。机场工作人员在登机环节应提前做好准备工作，巡视并提醒旅客座位所属舱位的登机顺序。

一般来说，各类旅客的登机先后顺序为头等舱、公务舱、经济舱。头等舱旅客在与公务舱或经济舱旅客同时登机时应予以优先接待。重要旅客可提前或在一般旅客登机完毕最后登机。特殊旅客登机顺序可参照特殊旅客运输的有关规定。对于头等舱休息室和贵宾室的旅客，机场工作人员应引导其至登机口或提醒其登机。在旅客登机过程中，机场工作人员应逐一核实旅客登机牌并收取登机牌副联，必要时可查验客票。

航班规定离港时间前 10 分钟内如还有少数旅客未登机，应随时查找出该旅客的姓名、托运行李件数和行李牌号，必要时应提前找出该行李，以备在航班离港时间已到而旅客仍未出现时及时卸下该行李。工作人员要尽量在规定离港时间前组织旅客完成登机。

二、常用登机模式

常用登机模式分为以下两种。

1. 通过登机廊桥登机

登机廊桥又称空桥或登机桥，是机场航站楼内的一种设施，从登机门延伸至飞机机舱门，是旅客由候机楼登上飞机的通道。登机廊桥如图 5—1 所示。

当飞机靠近登机廊桥时，工作人员应引导旅客登机，引导员走在第一名旅客前，引

图 5—1　登机廊桥

导速度以大多数旅客能跟上为宜，将旅客引导到客舱门口；工作人员复撕每位旅客的登机牌和复查登机牌上的安检章，以防止登机口漏撕或非本次航班的旅客错乘；在各廊桥转弯处、楼梯口和登机路线不明处应有工作人员负责引导。

2. 乘坐机场摆渡车通过客梯登机

摆渡车是连接机场内候机厅和远机位飞机的唯一通道。由于机场飞机数量多而机位少，所以有时飞机会停留在远机位，需要通过摆渡车运送乘客到停机坪，然后通过客梯登机，如图 5—2 所示。

图 5—2　乘坐机场摆渡车通过客梯登机

当飞机停靠在远机位停机坪时，应由两名引导人员带领旅客乘坐摆渡车至停机坪，随后引导旅客通过客梯登机。引导人员要密切注意旅客上、下摆渡车和客梯的安全。旅客登机完毕，引导人员与值机人员核对人数，再与乘务员核对总人数。引导人员在航班离港后 20 分钟方可离开工作岗位。

三、旅客登机服务的流程

1. 人工登机服务流程

人工登机服务的目的是组织出港航班旅客有序登机，确保航班登机人数准确以及准点关舱门，如图 5—3 所示。

图 5—3　人工登机服务

人工登机服务的流程如下。

（1）岗前准备

送机服务员应在航班起飞时间 45 分钟前携带手工行李条等业务用品到达航班登机口，做好航班登机前的准备工作，包括回答旅客问询、引导特殊旅客等。

（2）下达允许登机指令和检票

在相关工作准备好以及客舱清洁完毕后，近机位的服务员、远机位的监管员接到机组上客的通知后，通过对讲机、内调电话等方式向相关岗位发出登机指令。

收到登机指令后，工作人员及时把“登机”告示牌挂在登机动态栏内并进行预备登机广播，通知旅客登机。登机口的检票工作开始后，工作人员开始检票和查验登机牌。

（3）组织登机

开始登机后，登机口服务人员每隔一定时间根据舱位顺序通知旅客登机，并安排头等舱、商务舱旅客和特殊旅客优先登机。登机口服务人员应请旅客排成一纵队，维持好登机口秩序。

(4) 查找特殊情况旅客

对于有特殊情况的旅客，登机口服务人员通过广播的方式寻找旅客。如果登机后旅客仍没有到登机口，则需要查看系统，留意旅客信息，通过系统拦截找到旅客。

(5) 接收行李处理信息

如遇行李无法装载、旅客决定取消行程等情况，应联系登机口服务人员，找出对应行李进行处理。

(6) 登机保障

登机口服务人员扫描登机牌，实施登机保障。乘坐摆渡车通过客梯登机的航班无须在飞机下二次查验旅客登机牌，但需与机组核对登机人数。

(7) 行李装卸

装卸员确认行李信息后，对行李进行装卸。

(8) 最后登机广播

登机口控制人员根据差客信息，在登机口区域实施广播查找，告知旅客最后登机时间，同时在登机口附近区域查找旅客，必要时通过旅客图像系统查实旅客外貌特征，实施各登机口联动查找。

(9) 下达拉下指令

航班控制人员根据航班保障时间，做出拉下旅客的指令，对未登机或不符合登机条件的旅客进行拉下操作。

(10) 打印旅客全页信息单

确认舱位无误后，登机口服务人员于航班预计起飞时间15分钟前打印旅客全页信息单到相应登机口，与乘务长确认舱单上的航班号、日期、飞机号、版本号、人数。

(11) 旅客全页信息单交接

登机口服务人员应在航班预计起飞时间10分钟前与机长交接旅客全页信息单，核对舱单人数与登机结束实际人数，并与机组交接舱单完毕后向调度员通报舱单交接情况。

(12) 登机结束

登机口控制人员在确认所有旅客都已经登机结束后，与乘务长和廊桥员或客梯车司机办理关舱门、撤桥、撤客梯事宜，并由引导人员告知登机口控制人员廊桥撤桥时间，登机口控制人员做好记录，待飞机滑行后方可离岗。

2. 自助登机服务

为提高旅客出行的便捷性和不断提升机场的服务品质，一些机场开始提供自助登机服务，如图 5—4 所示。自助登机服务实现了旅客持登机牌通过闸门登机的自助式登机体验。旅客只要扫描登机牌上的一维、二维条码，或者扫描二代身份证便可自行完成通道验票，有效提升了旅客登机的效率。

图 5—4　自助登机服务

自助登机服务流程如下：

（1）在航班允许登机、自助登机通道条码阅读区的指示灯显示为绿色后，旅客自助扫描登机牌上的一维或二维条码。

（2）自助登机系统确认旅客登机牌信息正确，将自动开启登机闸门，允许旅客通过。旅客通过自助登机闸门后闸门关闭，系统识别旅客离开自助登机通道区域后，自动将旅客在系统中记录为已登机旅客。

（3）自助登机系统可为持电子登机牌或者座位有更新信息的旅客自动重新打印纸质登机凭条，系统在确认旅客信息无误后，登机闸门开启，允许旅客通过。

第 2 节　旅客中转服务

旅客中转是指旅客必须在某一中途航站换乘另一航班才能到达其最终目的地的旅行过程，它可以看作是暂时到达和再次出发的紧密衔接过程。旅客中转服务是指民航地面部门为中转旅客提供的各项服务，如信息服务、引导服务、座位再证实服务以及相应的膳宿服务等，如图 5—5、图 5—6 所示。

图 5—5　旅客中转信息服务

图 5—6　旅客中转引导服务

旅客中转包括国内航班转国内航班、国内航班转国际航班、国际航班转国内航班和国际航班转国际航班四种中转类型。下面针对这四种中转类型分别介绍旅客中转服务的流程。

一、国内航班转国内航班中转服务流程

国内航班到达后，旅客经廊桥或摆渡车进入航站楼，有联程登机牌的旅客可通过航

班显示屏或问询处工作人员确认所乘航班的登机口信息，并参考航站楼内的中转旅客引导标识，直接前往相应候机区候机。无联程登机牌的旅客先到行李提取厅提取行李，然后参考航站楼内中转旅客的引导标识，前往中转柜台办理中转手续。

二、国内航班转国际航班中转服务流程

国内航班到达后，有联程登机牌的旅客参考航站楼内的中转旅客引导标识，到达国际出发大厅办理出境联检，包括边防检查、海关检查和安全检查（见图 5—7、图 5—8），通过后前往相应候机区候机。无联程登机牌的旅客先到行李提取大厅领取行李，再参考中转旅客引导标识，到达中转柜台办理中转手续，然后前往国际出发大厅办理出境联检，通过后前往相应候机区候机。

图 5—7　边防检查

图 5—8　海关检查

三、国际航班转国内航班中转服务流程

国际航班到达后，旅客进入航站楼，参考中转旅客引导标识，通过边防检查办理入境手续，有联程登机牌的旅客直接接受联检，包括海关检查、安全检查，通过联检后到相应候机区候机。无联程登机牌的旅客到行李提取大厅领取行李后到中转柜台办理中转手续，然后接受联检，通过联检后到相应候机区候机。

四、国际航班转国际航班中转服务流程

国际航班到达后，旅客进入航站楼，参考中转旅客引导标识办理中转手续，依次办理乘机手续、边防检查、安全检查、海关检查。办理中转手续后，可前往相应候机区候机。

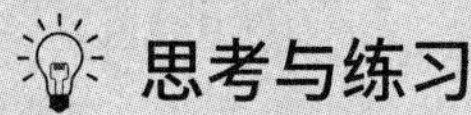

思考与练习

1. 常用的登机模式包括哪两种？
2. 人工登机服务流程是什么？
3. 国内航班转国内航班中转服务包括哪些流程？
4. 国际航班转国内航班中转服务包括哪些流程？

第6章 特殊旅客服务

特殊旅客服务是指民航地面服务部门为特殊旅客提供的一系列人性化服务。本章重点介绍了特殊旅客的定义、分类及一般规定，并对重要旅客、婴儿及孕妇旅客、无人陪伴儿童旅客、病残旅客、其他特殊旅客的分类及运输规定进行了详细介绍。

学习目标

- ☞ 了解特殊旅客的定义、分类及一般规定
- ☞ 掌握重要旅客的分类及运输规定
- ☞ 掌握婴儿及孕妇旅客的运输规定
- ☞ 掌握无人陪伴儿童旅客的运输规定
- ☞ 掌握病残旅客的分类及运输规定
- ☞ 了解其他特殊旅客的分类

第 1 节　特殊旅客概述

一、特殊旅客的定义

特殊旅客是指需要给予特别礼遇和照顾的旅客，或由于其身体和精神原因需要给予特殊照料的旅客，或在一定条件下才能运输的旅客。

二、特殊旅客的分类

特殊旅客分为重要旅客和一般特殊旅客，具体分类及说明见表 6—1。

表 6—1　特殊旅客的分类及说明

分类	说明
重要旅客	包括非常重要旅客、一般重要旅客和商务要客
一般特殊旅客	包括病残旅客、无人陪伴儿童旅客、孕妇、婴儿、额外占座旅客、醉酒旅客、犯罪嫌疑人及其押解人等

三、特殊旅客的一般规定

1. 接受特殊旅客运输之前，必须事先取得相关承运人的同意。接受特殊旅客订座，均需在 PNR 中注明给予特殊照顾的内容。

2. 每一航班对接收的各类特殊旅客（重要旅客除外）应有数量限制。

3. 航班控制部门要在航班起飞前一天下午 4 点前将所有的特殊旅客情况通知运行管理部门、航班操作部门等。

第 2 节　重 要 旅 客

一、重要旅客的分类

《中国民用航空旅客、行李国内运输规则》将重要旅客划分为非常重要旅客（VVIP）、一般重要旅客（VIP）和商务要客（CIP）。

重要旅客的分类见表 6—2。

表 6—2　　重要旅客的分类

分类	说明
非常重要旅客	包括：1. 我国党和国家领导人 2. 外国国家元首和政府首脑 3. 外国国家议会议长和副议长 4. 联合国秘书长
一般重要旅客	包括：1. 我国政府部长，省、自治区、直辖市人大常委会主任，省长、自治区人民政府主席、直辖市市长或相当于这一级的党、政、军负责人 2. 外国政府部长 3. 我国和外国政府副部长或相当于这一级的党、政、军负责人 4. 我国和外国大使 5. 国际组织（包括联合国、国际民航组织）负责人 6. 我国和外国全国性重要群众团体负责人 7. 两院院士
商务要客	包括：1. 工商业、经济和金融界等重要、有影响力的人士 2. 重要的旅游业领导人 3. 国际空运企业组织、重要的空运企业负责人和承运人邀请的外国空运企业负责人

二、重要旅客的一般规定

1. 接受重要旅客运输之前，必须先征求旅客本人或其所属单位和接待单位的意见，如愿意向承运人公开身份的，应在 PNR 中注明重要旅客的身份、职务和特殊服务要求。

2. 预订部门应优先保证重要旅客的订座要求。

3. 如果重要旅客乘坐的航班有变更，要尽快通知重要旅客的接待单位，以便做出妥善安排。

4. 有国务委员、国务院副总理以上级别的重要旅客乘坐的航班，严禁犯罪嫌疑人或者由于精神原因需要给予特殊照料的旅客乘坐，并通知货运部门，严禁在该航班上装载危险物品。

5. 对要求保密的重要旅客乘机动态，应保证不对外泄露重要旅客身份信息及航程安排。

三、重要旅客的运输程序

重要旅客在售票部门、要客服务部门和值机部门之间的信息传递如图 6—1 所示。

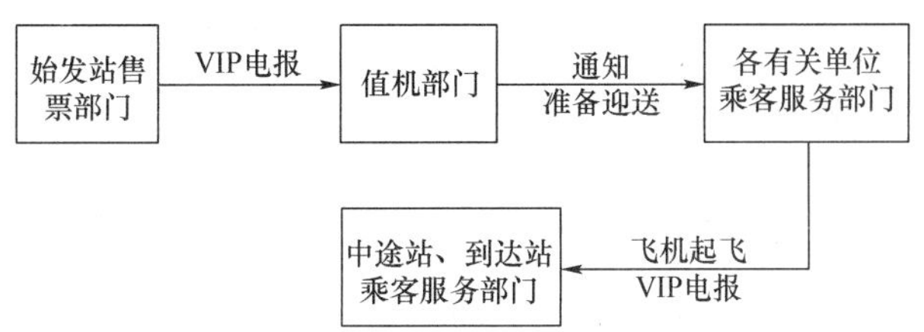

图 6—1　重要旅客运输程序

为重要旅客办理乘机手续时，要为重要旅客设置专柜，方便重要旅客办理乘机手续。安排座位时，要给重要旅客预留较好的座位或按旅客要求办理。优先办理重要旅客的行李托运手续，检查行李是否完好后，贴挂“VIP”行李标志牌和“小心轻放”标贴，并与行李分拣员交接签收。始发站和经停站进行行李装机时，应将重要旅客的托运行李装在单独货运集装箱内，并放置在靠近机舱舱门的位置，以便到达站优先卸机交付。

第 3 节　婴儿和孕妇旅客

一、婴儿乘机

1. 婴儿的定义

婴儿是指出生 14 天以上但年龄不满 2 周岁的人。婴儿乘飞机是不占用座位的，可以由成人抱着或者放在机上摇篮里。

2. 婴儿乘机的一般规定

（1）一般对出生不超过 14 天的婴儿和出生不足 90 天的早产婴儿不予售票。

（2）婴儿不单独占用座位，票价按成人普通票价（经济舱全价）的 10% 计收，婴儿可享有 10 千克的免费行李限额，并可以免费携带一个摇篮或一辆可折叠式婴儿车。

（3）每位成人旅客最多可携带 2 名婴儿乘机。其中只有 1 名婴儿能享受 10% 的票价，另 1 名婴儿则要购买儿童机票，儿童机票有免费行李额。

（4）每一航班接收婴儿的数量应少于该航班机型的总排数，且每相连的一排座位不能安排多于 1 名婴儿，必须确保可以为每位婴儿提供独立的氧气装置。

二、孕妇乘机

1. 孕妇乘机的一般规定

（1）怀孕超过 32 周但不足 36 周的孕妇乘机，需填写“特殊旅客（孕妇）乘机申请书”和“诊断证明书”，经检查符合运输条件后，方能办理订座手续。

（2）孕妇旅客的订座应优先办理，座位安排应尽可能给旅客提供方便。

（3）在 PNR 中应注明孕妇怀孕周期或预产期以及需要提供的特殊照料事项。

（4）怀孕超过 36 周或预产期不确定但已知为多胎分娩或预计有分娩并发症者，以及产后不足 7 天的旅客，不予承运。

2. 孕妇旅客乘机手续办理流程

孕妇旅客乘机手续办理流程如图 6—2 所示。

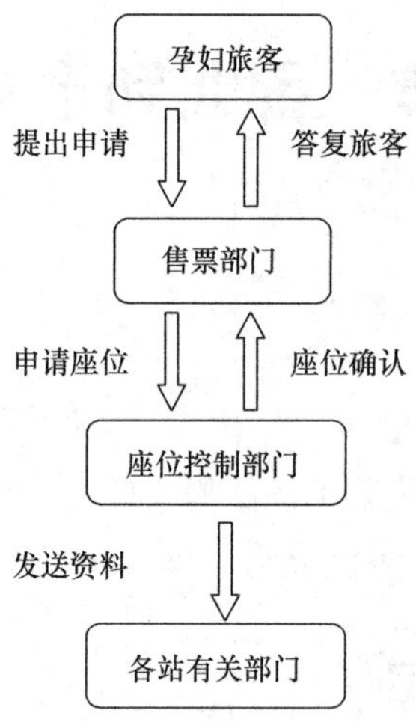

图 6—2　孕妇旅客乘机手续办理流程

第 4 节　无人陪伴儿童旅客

一、无人陪伴儿童的定义

无人陪伴儿童是指年龄在 5 周岁（含）以上、12 周岁以下的无家长或 18 岁以上旅客同行的儿童。年龄在 5 周岁以下的无成人陪伴儿童，原则上不予承运。

二、无人陪伴儿童乘机的一般规定

1. 无人陪伴儿童应由父母或监护人陪送到上机地点，在其转机地点和下机地点也应由其父母安排人员予以迎接和照料。

2. 无人陪伴儿童的承运必须在运输的始发站预先向航空公司售票部门提出，如果是联程运输，需得到转机航站的确认。

3. 无人陪伴儿童的父母或监护人应提供在航班衔接站和到达站安排的接送人的姓名、地址和电话，经有关站核实后，方可接受运输。如果无人陪伴儿童的父母或监护人在上述航班衔接站安排人员有困难，而要求由承运人或在当地雇请服务人员照料儿童时，应预先提出并由承运人与衔接站联系，衔接站确认后，售票部门应向无人陪伴儿童的父母或监护人收取服务费用。

三、无人陪伴儿童乘机手续办理流程

无人陪伴儿童乘机手续办理流程见表 6—3。

表 6—3　　无人陪伴儿童乘机手续办理流程

步骤	说明
提出申请	1. 预先向航空公司售票部门提出申请 2. 无人陪伴儿童父母或监护人填写“无人陪伴儿童乘机申请书”（见图 6—3）一式两份，准备无人陪伴儿童文件袋一个，在计算机订座系统中输入无人陪伴儿童服务申请
核对人数	由该航班的控制部门负责监控、管理无人陪伴儿童申请订座或购票的人数
拍发电报	拍发无人陪伴儿童电报给航班的始发站、经停站和到达站地面服务部门、售票部门和营业部门，售票部门、营业部门收到电报后，与接送人员联系，确认无误后，再与场站联系，得到肯定答复后，复电发报部门
安排航班	无人陪伴儿童应尽量安排在直达航班上，如果需要联程运输，应尽量安排在衔接时间较短的联程航班上，并取得有关承运人的同意
座位安排	无人陪伴儿童座位安排原则如下： 1. 安排在便于指定的随机服务员或乘务员照料的适当位置 2. 安排在靠近机上厨房且最好是靠近过道的座位 3. 若有可能，与其他旅客分开安排座位 4. 若座位满座，应安排在与女乘客一起的座位 5. 不得安排在紧急出口旁的整排座位

无人陪伴儿童乘机申请书
UNACCOMPANIED MINOR REQUESTED FOR CARRIAGE-HANDLING ADVICE

日期 (DATE):

至 (To) 中国东方航空股份有限公司

儿童姓名 (NAME OF MINOR)　　年龄 (AGE)：______

(包括儿童乳名 –INCLUDING NICKNAME)　　性别 (SEX)：______

航程 (ROUTING)

航班号 FLT NO	日期 DATE	自 FROM	至 TO

航站 STATION	接送人姓名 / 证件号 NAME OF PERSON ACCOMPANYING/ID No.	地址、电话号码 ADDRESS AND TEL NO
始发站 ON DEPARTURE		
经停站 VIA POINT		
中转站 TRANSFER POINT		
到达站 ON ARRIVAL		

儿童父母或监护人姓名、地址、电话号码
PARENT/GUARDIAN–NAME,ADDRESS AND TEL No：

声明 (DECLARATION)

1. 我证实申请书中所述儿童在始发站、航班衔接站和到达站由我所列明的人负责接送。接送人将保证留在机场，直到航班起飞以后，以及按照班期时刻表所列的航班到达时间以前抵达到达站机场。
2. 如果由于上表所列接送人未按规定进行接送，造成儿童无人接送时，为保证儿童的安全运输包括返回始发站，我授权承运人，可以采取必要的行动，并且同意支付承运人在采取这些行动中所垫付的必要的和合理的费用。
3. 我保证该儿童已具备有关国家政府法令要求的全部旅行证件 (护照、签证、健康证明书等)。
4. 我作为上表所列儿童的父母或监护人，同意和要求该儿童按无成人陪伴儿童的规定进行运输，并证明所提供的情况正确无误。

1. I declare that I have arranged for the minor mentioned on the upper side of this sheet to be accompanied to the airport on departure and to be met at stopover point(s) and upon arrival by the person named. These person will remain at the airport until the flight has departed and/or be available at the airport at the scheduled time of the arrival of the flight.
2. Should the minor not be met as stated on the upper side of this sheet, I authorize the carrier(s) to take whatever action they consider necessary to ensure the minor' s safe custody including return of the minor to the airport of departure, and I agree to indemnify and reimburse the carrier(s) for the necessary and reasonable costs and expenses incurred by taking such action.
3. I certify that the minor is in possession of all travel documents(passport, visa, health certificate, etc.)required by applicable laws.
4. I,the undersigned father/mother or guardian of the minor mentioned on the upper side of this sheet agree to and request the unaccompanied carriage of the minor named on the upper side of this sheet and certify that the information provided is accurate

申请人签字（Signature）：____________

图 6—3　无人陪伴儿童乘机申请书

四、无人陪伴儿童的人数限制

无人陪伴儿童对其他旅客会有一定的影响，因此每一航班运送数量有限制。常见机型无人陪伴儿童运送数量见表 6—4。

表 6—4　　常见机型无人陪伴儿童运送数量

机型	舱位		
	F（头等舱）	C（公务舱）	Y（经济舱）
波音 777—200	–	不接受	8 人
波音 777—200ER	不接受	不接受	6 人
波音 757	–	不接受	5 人
波音 737	–	–	5 人
空中客车 A321	不接受	–	5 人
空中客车 A320	–	不接受	5 人

五、无人陪伴儿童的运输程序

无人陪伴儿童的运输程序见表 6—5。

表 6—5　　无人陪伴儿童的运输程序

始发站运输程序	经停站运输程序	到达站运输程序
检查“无人陪伴儿童乘机申请书”的内容，确定航班经停站和到达站儿童的指定接送人已经确认 ⇩ 为无人陪伴儿童办理乘机手续 ⇩ 检查儿童是否携带无人陪伴儿童文件袋 ⇩ 通知地面服务人员前来接管无人陪伴儿童，并由地面服务人员引导和协助无人陪伴儿童办理安检等手续，引导无人陪伴儿童交给指定的随机服务员或乘务员，并填写“特殊旅客服务通知单” ⇩ 航班起飞后，向结算部门报告无人陪伴儿童情况，以便于结算部门向经停站或到达站拍发“旅客服务电报（PSM）”	在接到前方站电报后，应与无人陪伴儿童父母或监护人或其所安排的人员联系，以保证儿童在续程期间有人照料 ⇩ 无人陪伴儿童到达时，应与随机服务员或乘务员进行联系并提供给儿童尽可能多的帮助 ⇩ 当儿童在续程期间交由当地雇佣的服务人员照料时，应与该服务人员保持密切联系 ⇩ 如航班在经停站更换机组，应保证将儿童的文件袋转交给下一个机组	在儿童到达前，应将预计到达时间随时通知迎接儿童的儿童父母或监护人 ⇩ 在飞机到达时，指定的随机服务员或乘务员应将儿童和文件袋交给到达站的地面服务人员 ⇩ 地面服务人员将儿童和文件袋交给迎接儿童的儿童父母或监护人 ⇩ 拍发有关电报通知始发站

第 5 节　病 残 旅 客

一、病残旅客的定义

在航空运输中，病残旅客是指由于在精神上或身体上有缺陷或病态而无自理能力，或其行动需要他人照料的人。

二、病残旅客乘机的一般规定

1. 病残旅客在购票前需要向航空公司有关部门提出申请，经航空公司允许后方能购票并享受特殊服务。

2. 病残旅客的接受条件：诊断证明书（一式三份）、特殊旅客（病残）乘机申请书（一式三份）和陪伴人员（若病残旅客病情不严重，或虽然病情严重但短期内不会恶化，且旅客有自理能力，经航空公司同意，可以不需要陪伴人员）。

3. 接受旅客申请的部门，应详细了解旅客的身体及精神状况。对不能接受承运的病残旅客，应做好解释工作。

4. 为病残旅客订座时，需在 PNR 中注明旅客需要增加的特殊设备和要求的特殊服务事项。

5. 尽量将病残旅客安排在靠近客舱服务员的座位或靠近窗口的座位。

6. 病残旅客的票价按普通经济舱票价计算，不得使用特殊票价或折扣票价。

三、病残旅客乘机手续办理流程

病残旅客乘机手续办理流程如图 6—4 所示。

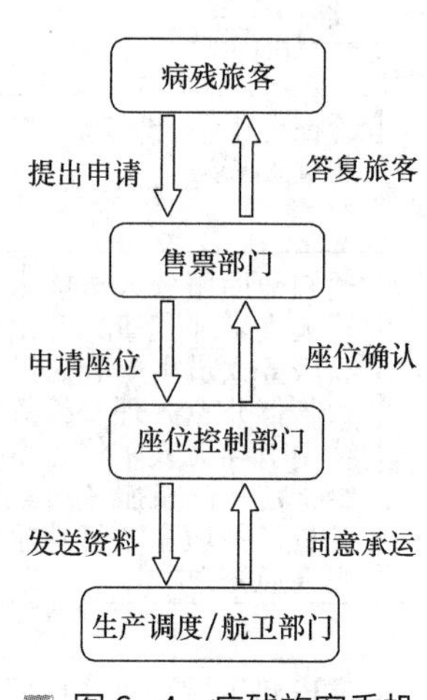

图 6—4　病残旅客乘机手续办理流程

第 6 节　其他特殊旅客

一、其他特殊旅客的范围

其他特殊旅客包括犯罪嫌疑人及其押解人、醉酒旅客、额外占座旅客等。

二、其他特殊旅客乘机的一般规定

其他特殊旅客分类及乘机的一般规定见表 6—6。

表 6—6　　其他特殊旅客分类及乘机的一般规定

其他特殊旅客分类	说明	一般规定
犯罪嫌疑人及其押解人	由于犯罪嫌疑人是受到我国现行法律管束的，在处理犯罪嫌疑人的运输时，必须与公安部门取得密切联系与配合	1. 执行押解犯罪嫌疑人任务时，实行“谁押解，谁负责”的原则，监送人员在运输的全航程中，对所监送的犯罪嫌疑人负全部责任。未采取防范措施、不能确保安全的，不准乘坐民航班机 2. 各地公安机关执行押解任务之前，必须征得航班出发当地民航公安机关同意，并办理押解手续 3. 押解警力应是犯罪嫌疑人人数的三倍，必须落实各项安全防范措施，可以使用必要的械具，防止失控 4. 运输犯罪嫌疑人只限在始发地申请办理订座售票手续 5. 每个航班可同机押解三名以下（含三名）的犯罪嫌疑人 6. 有警卫对象、重要旅客乘坐的民航班机禁止押解犯罪嫌疑人
醉酒旅客	是指由于酒精、麻醉品或其他毒品中毒的影响，会给其他旅客带来不愉快并造成不良影响的旅客	1. 航空公司有权根据旅客的外形、言谈举止自行合理判断决定旅客是否属于醉酒旅客 2. 在旅客上机地点，航空公司有权拒绝醉酒旅客乘机 3. 在飞行途中，如果发现旅客处于醉态，不适于飞行或妨碍其他旅客的飞行时，机长有权令其在下一个经停地点下机 4. 上述醉酒旅客被拒绝乘机需要退票时，按自愿退票处理

续表

其他特殊旅客分类	说明	一般规定
额外占座旅客	是指由于自身原因，需要占两个座位的旅客	1. 额外占座旅客乘机，必须预先向航空公司售票部门提出申请，经控制部门与航卫部门、生产调度部门确认其适合承运之后，方可办理售票手续。票价应按照相应舱位等级全票价的两倍收取 2. 售票手续办理完毕后，座控部门在航班起飞前一天下午4点前拍发“特殊旅客（额外占座旅客）运输通知”电报给始发站的生产调度和航班运行管理部门 3. 生产调度和航班运行管理部门应提前安排上机拆座位扶手、加长安全带等操作

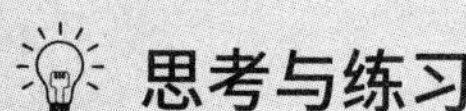

思考与练习

1. 简述特殊旅客的定义。

2. 简述重要旅客的分类。

3. 婴儿旅客、孕妇旅客、无人陪伴儿童旅客、病残旅客、其他特殊旅客乘机的一般规定分别是什么？

第 7 章 其他旅客服务

其他旅客服务主要包括旅客交通服务、旅客问询服务、旅客广播服务和旅客商业零售服务。本章对上述服务的相关内容进行了具体介绍。

学习目标

☞ 了解旅客交通服务的对象和内容

☞ 了解旅客问询服务的类型，掌握旅客问询服务的流程

☞ 了解旅客广播服务的格式规范

☞ 了解旅客商业零售服务的特征、类型及经营管理模式

第 1 节　旅客交通服务

一、旅客交通服务概述

机场与城市中心联系的便利程度非常重要，它是机场功能充分实现的前提条件，更是城市基础设施水平的集中体现。机场是一个开放系统，在空侧，机场通过跑道、停机坪、飞机等与外界进行客货交流；在陆侧，机场借助各种道路、停车场、车站、各种车辆与外界实现着沟通。机场不可能独立存在，它需要依靠大型的陆路运输系统，使旅客能够往返机场、在机场停放车辆和前往机场各处。

旅客交通是指旅客到达和离开机场以及在机场内部使用的地面交通方式。旅客交通服务是指航空公司、机场等相关企业为旅客提供的方便、快捷的出行交通服务，主要包括来往机场的出租车、地铁、大巴，机场内摆渡车，飞机客梯车等。

二、旅客交通服务的对象

往返于机场和城市中心的旅客大致可以分为三类：前来乘坐航班或抵达的旅客及其迎送人员、机场的工作人员以及工作地或居住地位于机场附近的人员。

1. 前来乘坐航班或抵达的旅客及其迎送人员

对于前来乘坐航班或抵达的旅客及其迎送人员来说，出发时间和航班时间有很大的相关性，出行需求为一站直达。

2. 机场的工作人员

通常来说，机场工作人员的出行是典型的通勤行为，具有潮汐性，其出行时间是固定和规律的，出行需求同样为一站直达。

3. 工作地或居住地位于机场附近的人员

工作地或居住地位于机场附近的人员，出行需求为去往机场方向的公共交通在其所希望的地点有停靠点。

三、旅客交通服务的内容

旅客交通服务主要包括往返机场的主要交通方式和机场内部交通系统两个方面。

1. 往返机场的主要交通方式

机场和城市中心之间的联系方式主要有轨道交通、机场巴士、常规公共交通、私人小汽车及出租车等。

（1）轨道交通

轨道交通一般在机场沿线设有站点，方便旅客出行。轨道交通发挥作用很大程度上取决于其与其他交通方式的良好衔接。轨道交通如图 7—1 所示。

图 7—1　轨道交通

（2）机场巴士

机场巴士是往返机场的主要交通方式之一。经营机场巴士需要得到机场的特许，并向机场缴纳一定的特许经营费。机场巴士往来于各主要停车地点、旅馆、饭店、机场之间，价格也相对便宜。机场巴士如图 7—2 所示。

（3）常规公共交通

为减轻通往机场道路的拥堵程度，不少机场还开通了往返机场的公共汽车线路，公共汽车可以直接开到候机楼前，十分方便，价格也是最便宜的。

图 7—2　机场巴士

(4) 私人汽车及出租车

随着汽车的普及，私人汽车也日益成为机场交通的主要力量。许多机场为了方便私人汽车的停放，特建有大型的停车场。

出租车也是较为常见的往返机场的交通工具之一，可以随叫随到，减少旅客携带行李出行的麻烦。机场等候出租车如图 7—3 所示。

图 7—3　机场等候出租车

2. 机场内部交通系统

候机楼之间的交通系统包括轨道交通、巴士和步行系统。

候机楼内部的交通系统则主要为步行系统。在候机楼的平面设计中，首先要考虑人群流动的路线，参照一定的设计标准，力求达到人群的流动顺畅、无物理障碍，接下来再考虑各个公共服务设施的安排和商业设施的布置。

停机坪和候机楼之间的接驳是一种特殊情况，在机场没有登机口设备或者登机口设备不可用的情况下使用，通常使用摆渡车作为接驳的主要交通工具。

第 2 节　旅客问询服务

一、旅客问询服务概述

旅客问询服务是指为旅客及其他人员提供如航班动态、机场交通、候机楼设施使用等信息的问询服务，如图 7—4 所示。旅客问询服务往往能直接解决旅客在旅行过程中遇到的问题，因此深受旅客欢迎，已经成为民航地面服务中不可或缺的服务类型。

图 7—4　旅客问询服务

二、旅客问询服务的类型

旅客问询服务根据服务方的不同、服务提供方式的不同、服务柜台设置位置的不同可以分为多种类型，如图 7—5 所示。

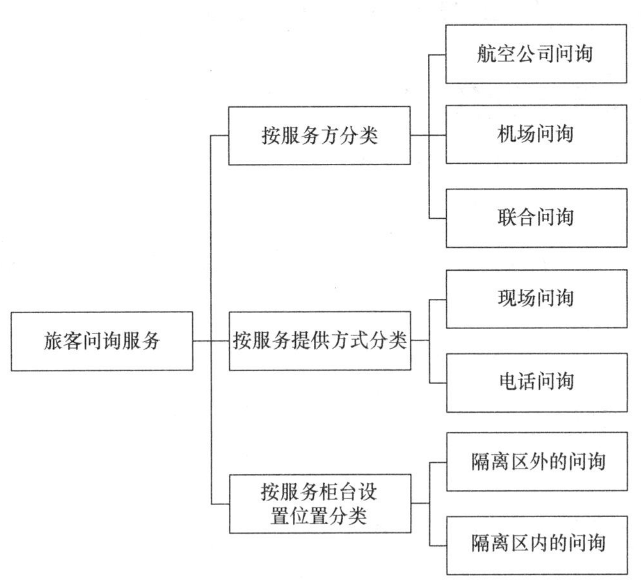

图 7—5　旅客问询服务的类型

1. 根据服务方的不同

旅客问询服务根据服务方的不同，可以分为航空公司问询、机场问询和联合问询，其中联合问询是指航空公司与机场共同派出问询服务人员组成联合问询柜台，向旅客提供全面的问询服务。

2. 根据服务提供方式的不同

旅客问询服务根据服务提供方式的不同，可以分为现场问询和电话问询。现场问询是指在问询柜台当面向旅客提供问询服务；电话问询是指通过电话方式向打来电话的旅客提供各类问询服务。电话问询通常还可以分为人工电话问询和自动语音应答问询。人工电话问询主要用来解决旅客提出的一些比较复杂或非常见的问题；自动语音应答问询则由旅客根据自动语音提示进行操作，通常能较好地解决旅客所关心的常见问题。自动语音应答问询能大大地节省人力，提高服务效率。

3. 根据服务柜台设置位置的不同

旅客问询服务根据服务柜台设置位置的不同，可以分为隔离区外的问询和隔离区内的问询。隔离区外是指安检口以外的区域，隔离区内是指安检口以内的区域。

三、旅客问询服务岗位职责和要求

1. 旅客问询服务的岗位职责

（1）掌握航班动态，耐心、细致地回答现场旅客问询。

（2）负责做好电话问询工作。

（3）负责提供各类温馨预约服务，并向旅客介绍航空公司和机场服务的内容及特色。

（4）负责做好不正常航班的解释工作。

（5）做好前台服务，负责接待各类旅客及相关人员。

（6）完成上级领导安排的其他工作。

2. 旅客问询服务的岗位要求

（1）“首问责任制”要求

旅客问询服务岗位应遵循“首问责任制”要求，即旅客求助的第一位服务人员有责任在第一时间确保准确答复或有效解决问题的前提下提供优质服务，否则必须将用户指引到能提供有效服务的单位或岗位，该服务人员即为首问责任人。对询问事项办理或协助办理的人员或部门为第二责任人，是后续服务（相对于第一环节）的首问责任人。

（2）岗位要求

1）服务人员应在值机柜台开启前到岗；检查计算机、电话等设施设备是否处于正常状态，如有故障要及时报修或调用备用设备，确保问询工作顺利进行。

2）应确保问询柜台始终有工作人员在岗，若服务人员有特殊情况需要离开，必须在柜台上放置“请稍等”指示牌。

3）服务人员根据旅客提出的要求及时给予帮助，遇到无法解决的特殊问题，应该及时汇报。

4）服务人员必须在国内或国际最后一个出发航班登机结束后，才可关闭柜台。

5）旅客在现场提出投诉时，服务人员应该耐心解释并记录相关情况，及时向上级反映，如有必要可向旅客提供企业投诉电话。

第 3 节　旅客广播服务

一、旅客广播服务概述

旅客广播服务是指民航地面部门通过候机楼广播系统，为旅客播报航班信息、例行信息和临时信息等的服务。候机楼广播系统采用先进的计算机矩阵切换器，对各种音源进行管理和分配，并限定它们的广播范围和广播权限，使所有的广播呼叫站都在设定的范围内工作，避免越权广播。

二、旅客广播服务的一般规定及格式规范

1. 旅客广播服务的一般规定

（1）广播用语必须准确、规范，采用统一的专业术语，语句通顺易懂，避免发生混淆。

（2）各类广播用语应准确表达主题，规范使用格式。

（3）广播用语应以汉语和英语为主，同一内容应使用汉语普通话和英语对应播音。

2. 旅客广播服务的格式规范

(1) 航班信息类广播用语的格式规范

航班信息类广播是旅客广播服务中最重要的部分，广播用语要求表达准确、逻辑严密、主题清晰，标准格式如下：

1）开始办理乘机手续通知。

前往____①的旅客请注意： 您乘坐的〔补班〕⑩ ____②次航班现在开始办理乘机手续，请您到 ____③号柜台办理。 谢谢！ Ladies and Gentlemen, may I have your attention please: We are now ready for check — in for〔supplementary〕⑩ flight ____② to____① at counter No. ____③. Thank you.

2）推迟办理乘机手续通知。

乘坐〔补班〕⑩____②次航班前往____①的旅客请注意：

由于〈1. 本站天气不够飞行标准 2. 航路天气不够飞行标准 3.____①天气不够飞行标准 4. 飞机调配原因 5. 飞机机械原因 6. 飞机在本站出现机械故障 7. 飞机在____①机场出现机械故障 8. 航行管制原因 9.____①机场关闭 10. 通信原因〉⑪，本次航班不能按时办理乘机手续。〔预计推迟到____⑤点____⑥分办理。〕⑩请您在出发厅休息，等候通知。

谢谢！

Ladies and gentlemen，may I have your attention please：

Due to〈1.the poor weather condition at our airport 2.the poor weather condition over the air route 3.the poor weather condition over the ____① airport 4.aircraft reallocation 5.the maintenance of the aircraft 6.the aircraft maintenance at our airport 7.the aircraft maintenance at the____① airport 8.air traffic congestion 9.the close-down of ____① airport 10.communication trouble〉⑪，the〔supplementary〕⑩ flight ____② to____① has been delayed. The check-in for this flight will be postponed〔to____⑤：____⑥〕⑩.Please wait in the departure hall for further information.

Thank you.

3）催促办理乘机手续通知。

前往____①的旅客请注意：

您乘坐的〔补班〕⑩____②次航班将在____⑤点____⑥分停止办理乘机手续。乘坐本次航班没有办理手续的旅客，请马上到____③号柜台办理。

谢谢！

Ladies and Gentlemen，may I have your attention please：

Check-in for〔supplementary〕⑩ flight ____② to____① will be closed at ____⑤：____⑥.Passengers who have not been checked in for this flight，please go to counter No. ____③ immediately.

Thank you.

4）过站旅客办理乘机手续通知。

> 乘坐〔补班〕⑩____②次航班由____①经本站前往____①的旅客请注意：
>
> 请您持原登机牌到〔____③号〕⑩〈1. 柜台 2. 服务台 3. 问询台〉⑪ 换取过站登机牌。
>
> 谢谢！
>
> Passengers taking〔supplementary〕⑩ flight____② from ____① to ____①, attention please：
>
> Please go to the〈1.counter 2.service counter 3.information desk〉⑪〔No.____③〕⑩ to exchange your boarding passes for transit passes.
>
> Thank you.

5）候补旅客办理乘机手续通知。

> 持〔补班〕⑩____②次航班候补票前往____①的旅客请注意：
>
> 请马上到____③号柜台办理乘机手续。
>
> 谢谢！
>
> Ladies and gentlemen，may I have your attention please：
>
> Stand-by passengers for〔supplementary〕⑩ flight ____② to ____①, please go to counter No. ____③ for check-in.
>
> Thank you.

6）正常登机通知。

> 〔由____①备降本站〕⑩前往____①的旅客请注意：
>
> 您乘坐的〔补班〕⑩____②次航班现在开始登机。请带好您的随身物品，出示登机牌，由____④号登机口上〔____⑧号〕⑩飞机。〔祝您旅途愉快。〕⑩
>
> 谢谢！
>
> Ladies and Gentlemen，may I have your attention please：
>
> 〔Supplementary〕⑩ flight____②〔alternated from____①〕to____① is now boarding. Would you please have your belongings and boarding passes ready and board the aircraft〔No. ____⑧〕⑩ through gate No. ____④.〔We wish you a pleasant journey .〕⑩
>
> Thank you.

7）催促登机通知。

〔由____①备降本站〕⑩前往____①的旅客请注意：

您乘坐的〔补班〕⑩____②次航班很快就要起飞了，还没有登机的旅客请马上由____④号登机口上〔____⑧号〕⑩飞机。〔这是〔补班〕⑩____②次航班〈1. 第____⑦次 2. 最后一次〉(11)登机广播。〕⑩

谢谢！

Ladies and gentlemen, may I have your attention please:

〔Supplementary〕⑩flight ____ ② to ____ ①〔alternated from____ ①〕⑩will take off soon. Please be quick to board the aircraft〔No. ____⑧〕⑩through gate No.____④.〔This is the〈1.____⑦ 2.final〉⑪call for boarding on〔supplementary〕⑩flight ____ ②.〕⑩

Thank you.

8）过站旅客登机通知。

前往____①的旅客请注意：

您乘坐的〔补班〕⑩____②次航班现在开始登机，请过站旅客出示过站登机牌，由____④号登机口先上〔____⑧号〕⑩飞机。

谢谢！

Ladies and gentlemen, may I have your attention please:

〔Supplementary〕⑩flight____②to ____① is now ready for boarding. Transit passengers please show your passes and board〔aircraft No. ____⑧〕⑩first through No. ____④.

Thank you.

9）航班延误通知。

〔由____①备降本站〕⑩前往____①的旅客请注意：

我们抱歉地通知，您乘坐的〔补班〕⑩____②次航班由于〈1. 本站天气不够飞行标准 2. 航路天气不够飞行标准 3.____①天气不够飞行标准 4. 飞机调配原因 5. 飞机机械原因 6. 飞机在本站出现机械故障 7. 飞机在____①机场出现机械故障 8. 航行管制原因 9.____①机场关闭 10. 通信原因〉⑪〈1. 不能按时起飞 2. 将继续延误 3. 现在不能从本站起飞〉⑪，起飞时间〈1. 待定 2. 推迟到____⑤点____⑥分〉⑪。在此我们深表歉意，请您在候机厅休息，等候通知。〔如果您有什么要求，请与〔____③号〕⑩〈1. 不正常航班服务台 2. 服务台 3. 问询台〉⑪工作人员联系。〕⑩

谢谢！

Ladies and gentlemen, may I have your attention please:

We regret to announce that〔supplementary〕⑩flight ____②〔alternated from ____①〕to____ ①〈1.can not leave on schedule 2.will be delayed to____ ⑤:____ ⑥ 3.will be further delayed〔to____ ⑤:____ ⑥〕⑩ 4.can not take off now〉⑪due to〈1.the poor weather condition at our airport 2.the poor weather condition over the air route 3.the poor weather condition at ____ ① airport 4.aircraft reallocation 5.the maintenance of the ____ ① airport 8.air traffic congestion 9.the close-down of ____ ① airport 10.communication trouble〉⑪.Would you please remain in the waiting hall and wait for further information.〔If you have any problems or questions, please contact with the〈1.irregular flight service counter 2.service counter 3.information desk〉⑪〔No. ____③〕⑩〕⑩

Thank you.

10）所有始发航班延误通知。

各位旅客请注意：

我们抱歉地通知，由于〈1. 本站天气原因 2. 本站暂时关闭 3. 通信原因〉⑪，由本站始发的所有航班都〈1. 不能按时 2. 将延误到____⑤点____⑥分以后〉⑪起飞，在此我们深表歉意，请您在候机厅内休息，等候通知。

谢谢！

Ladies and gentlemen, may I have your attention please:

We regret to announce that all outbound flights〈1.can not leave on schedule 2.will be delayed to____:____〉due to〈1.the poor weather condition at our airport 2.the temporary close-down of our airport 3.communication trouble〉⑪.Would you please remain in the waiting hall and wait for further information.

Thank you.

11）航班取消通知（出港类）。

〔由____①备降本站〕⑩前往____①的旅客请注意：

我们抱歉地通知，您乘坐的〔补班〕⑩____②次航班由于〈1. 本站天气不够飞行标准 2. 航路天气不够飞行标准 3.____①天气不够飞行标准 4. 飞机调配原因 5. 飞机机械原因 6. 飞机在本站出现机械故障 7. 飞机在____①机场出现机械故障 8. 航行管制原因

9.____①机场关闭 10. 通信原因〉⑪决定取消今日飞行，请您改乘〈1. 今日 2. 明日〉⑪〔补班〕⑩____②次航班，起飞时间〈1. 待定 2. 为____⑤点____⑥分〉⑪。在此我们深表歉意。〔请您与〔____③号〕⑩〈1. 不正常航班服务台 2. 服务台 3. 问询台〉⑪工作人员联系，〔或拨打联系电话____⑨，〕⑩我们将为您妥善安排。

谢谢！

Ladies and Gentlemen，may I have your attention please：

We regret to announce that〔supplementary〕⑩flight____②〔alternated from ____①〕⑩to ____ ① has been cancelled due to〈1.the poor weather condition at our airport 2.the poor weather condition over the air route 3.the poor weather condition at the ____ ①airport 4.aircraft reallocation 5.the maintenance of the aircraft 6.the aircraft maintenance at our airport 7.the aircraft maintenance at the ____ ①airport 8.air traffic congestion 9.the close-down of ____ ①airport 10. communication trouble〉〔supplementary〕(11) flight____②〉⑪〔to tomorrow〕⑩〔at____ ⑤：____ ⑥〕⑩.〔Would you please contact with〈1.irregular flight service counter 2.service counter 3.information desk〉⑪〔No. ____ ③〕⑩.〔or call____⑨.〕⑩We will make all necessary arrangements.

Thank you.

12）不正常航班服务通知。

〔由____①备降本站〕⑩乘坐〔补班〕⑩____②次航班前往____①的旅客请注意：

请您到〈1. 服务台 2. 餐厅〉⑪凭〈1. 登机牌 2. 飞机票〉⑪领取〈1. 餐券 2. 餐盒 3. 饮料、点心〉⑪。

谢谢！

Passengers for〔supplementary〕⑩flight ____②〔alternated from____①〕⑩to ____①, attention please：

Please go to〈1.servce counter 2.restaurant〉⑪to get〈1.a meal coupon 2.a meal box 3.the refreshments〉⑪and show your〈1.boarding passes 2.air-tickets〉⑪for identification.

Thank you.

13）正常航班预告。

迎接旅客的各位请注意：

由____①〔、____①〕⑩飞来本站的〔补班〕⑩____②次航班将于____⑤点____⑥分到达。

谢谢！

Ladies and Gentlemen，may I have your attention please：

〔Supplementary〕⑩flight____②from____①〔、____①〕⑩will arrive here at____⑤：____⑥.

Thank you.

14）延误航班预告。

迎接旅客的各位请注意：

我们抱歉地通知，由____①〔、____①〕⑩飞来本站的〔补班〕⑩____②次航班由于〈1. 本站天气不够飞行标准 2. 航路天气不够飞行标准 3.____①天气不够飞行标准 4. 飞机调配原因 5. 飞机机械原因 6. 飞机____①机场出现机械故障 7. 航行管制原因 8.____①机场关闭 9. 通信原因〉⑪〈1. 不能按时到达 2. 将继续延误〉⑪，〈1. 预计到达本站的时间为____⑤点____⑥分 2. 到达本站的时间待定〉⑪。

谢谢！

Ladies and Gentlemen，may I have your attention please：

We regret to announce that〔supplementary〕⑩flight ____②from ____①〔、____①〕⑩〈1.can not arrive on schedule 2.will be deleyed to ____⑤：____⑥ 3.will be further delayed〔to____⑤：____⑥〕⑩〉⑪due to〈1.the poor weather condition at our airport 2.the poor weather condition over the air route 3.the poor weather condition at ____①airport 4.aircraft reallocation 5.the maintenance of the aircraft 6.the aircraft maintenance at the ____①airport 7.air traffic congestion 8.the close-down of ____①airport 9.communication trouble〉⑪.

Thank you.

15）航班取消通知（进港类）。

迎接旅客的各位请注意：

我们抱歉地通知，由____①〔、____①〕⑩飞来本站的〔补班〕⑩____②次航班由于〈1. 本场天气不够飞行标准 2. 航路天气不够飞行标准 3.____①天气不够飞行标准 4. 飞机调配原因 5. 飞机机械原因 6. 飞机在____①机场出现机械故障 7. 航行管制原因 8.____①机场关闭 9. 通信原因〉⑪ 已经取消。〔〈1. 明天预计到达本站的时间为____⑤点____⑥分 2. 明天到达本站的时间待定〉⑪。〕⑩

谢谢！

Ladies and Gentlemen，may I have your attention please：

We regret to announce that〔supplementary〕⑩flight____②from____①〔、____①〕⑩has been cancelled due to〈1.the poor weather condition at our airport 2.the poor weather condition over the air route 3.the poor weather condition at____①airport 4.aircraft reallocation 5.the maintenance of the aircraft 6.the aircraft maintenance at the____①airport 7.air traffic congestion 8.the close-down of ____①airport 9.communication trouble〉⑪.〔This flight has been rescheduled to〈1.tomorrow at ____⑤:____⑥ 2.arrive〉⑪.〕⑩

Thank you.

16）航班到达通知。

迎接旅客的各位请注意：

由____①〔、____①〕⑩飞来本站的〔补班〕⑩____②次航班已经到达。

谢谢！

Ladies and Gentlemen，may I have your attention please：

〔Supplementary〕⑩flight ____②from____①〔、____①〕⑩ is now landing.

Thank you.

17）备降航班到达通知。

由____①备降本站前往____①的旅客请注意：

欢迎您来到____①机场。您乘坐的〔补班〕⑩____②次航班由于〈1.____①天气不够飞行标准 2. 航路天气不够飞行标准 3. 飞机机械原因 4. 航行管制原因 5.____①机场关闭〉⑪不能按时飞往____①机场，为了您的安全，飞机备降本站。〔请您在候机厅内休息，待候通知。如果您有什么要求，请与〔____③号〕⑩〈1. 不正常航班服务台 2. 服务台 3. 问询台〉⑪ 工作人员联系。〕⑩

谢谢！

Passengers taking〔supplementary〕⑩flight____⑧ from ____①to ____①，attention please：

Welcome to ____ ① airport. Due to〈1.the poor weather condition at ____ ① airport 2.the poor weather condition over the air route 3.the maintenance of the aircraft 4.air traffic congestion 5.the close-down of ____ ① airport〉⑪, your flight has been diverted in our airport for your security.〔Would you please in the waiting hall and wait for further information. If you have any problems or questions, please contact with the〈1.irregular flight service counter 2.service counter 3.information desk〉⑪〔No. ____③〕⑩〕⑩. Thank you.

注：①表示航站名称；②表示航班号；③表示办理乘机手续柜台号、服务台号或问询台号；④表示登机口号；⑤表示二十四小时制小时时刻；⑥表示分钟时刻；⑦表示播音次数；⑧表示飞机机号；⑨表示电话号码；⑩表示〔 〕中的内容可以选用或跳过不用；⑪ 表示需从〈 〉中的多个要素里选择一个，不同的要素用序号间隔。

（2）例行类广播用语的格式规范

各机场根据具体情况组织例行类广播，并保持与中国民用航空局等有关部门的规定一致。

（3）临时类广播用语的格式规范

各机场根据实际情况安排临时类广播。当采用临时广播来完成航班信息类广播中未能包含的特殊航班信息通知时，其用语应与航班信息类广播相近内容的规范格式一致。

第 4 节　旅客商业零售服务

一、旅客商业零售服务概述

旅客商业零售服务是指航站楼为旅客提供的商品零售、餐饮、休闲娱乐等服务。这些服务的共同点在于其顾客群体主要是机场的旅客，所出售的产品都是以旅客的需要为基础，在机场有固定位置，并且有专业服务人员的参与。可以说，机场正在成为集购物、餐饮、娱乐等多种经营活动为一体的产业平台。机场隔离区内外的商业零售业已经成为机场非航空业务收入的重要经济来源和经济增长点。

二、旅客商业零售服务的类型

机场常见的旅客商业零售服务主要包括以下几种类型。

1. 商品零售服务

通常来说，机场旅客——特别是将旅游作为主要出行目的的旅客，由于不同地区的文化差异可能会引发其购买具有鲜明地区特色纪念品的倾向，又由于种种原因有些旅客在抵达机场之前没有进行购买，因此很多旅客会在机场候机楼的商业区中进行纪念品的选购，如图 7—6 所示。

图 7—6　机场商品零售店

2. 餐饮服务

机场候机楼中设置的餐饮服务与市场环境下的餐饮服务基本没有区别，但是相较而言要更加快捷一些，多以快餐主食、甜品以及饮品等为主，如图 7—7 所示。

图 7—7　机场餐饮服务

3. 休闲娱乐服务

随着时代的发展和进步，越来越多的旅客愿意选择飞机作为其出行的交通工具，目的是能够尽可能地减少在旅途当中花费的时间。但是因为乘坐飞机需要预留较长时间办理登机手续，以及由于航班不正常而导致飞机延误，所以旅客从安检结束到登机之前可能会有比较长的一段等候时间。为此，很多机场都设置了休闲娱乐区，可供旅客充分放松和娱乐。机场休闲娱乐服务如图 7—8 所示。

三、旅客商业零售服务的经营模式

在全球范围内，随着机场的航空主业发展受到越来越多的限制，航空收入增长也遇到瓶颈，许多机场开始在非航空业务上发力，以赚取更多的利润。与航空业务运营相比，机场在商业零售上可以有更大的发展空间。

现阶段的旅客商业零售服务经营模式主要有三种：自营模式、收取固定租金模式和

图 7—8　机场休闲娱乐服务

底租加销售提成模式。

1. 自营模式

自营模式是我国机场早期采用的商业零售服务模式。实行自营模式的主要目的是能够对机场内部员工进行适当的安置，但是在安置的过程中，从业人员大多都是转行而来，相对来说专业素质比较低，加上缺少比较有效的指导以及管理，导致旅客商业零售服务水平很难在短时间内得到提升。目前大多数机场都不会采取这种模式，但是在一些客流量相对比较小的机场仍会选择这种模式。

2. 收取固定租金模式

收取固定租金模式是机场通过公开的招标会或者协商谈判进行特许经营权的转让，交给专门的经营公司进行经营的模式。从目前情况看，这种模式在一定程度上提高了旅客商业零售服务的专业水平，提高了服务质量和经济效益，从而也给机场和航空公司带来了更多的收入。

3. 底租加销售提成模式

当前，底租加销售提成的模式在旅客商业零售服务模式当中是一种比较新型的模式。它对于经营者而言，带来的风险比较低，比起固定租金而言也比较具备优势。而相对的，机场管理者仅需要适当地收取一部分底租，另外一部分则从经营者的收入当中按照适当的比例进行提成，这些收入和经营者所承担的风险形成共担关系。这种模式有利于机场管理者了解旅客商业零售业的销售状况及旅客的需求，与市场较为贴近。

思考与练习

1. 旅客交通服务的对象包括哪些？
2. 旅客问询服务的一般规定是什么？
3. 旅客广播服务的规范格式有哪些？
4. 机场常见的旅客商业零售服务主要包括哪些类型？

第8章
航班服务

对航班的服务主要包括航班进港服务、航班离港服务和不正常航班服务。本章对这三种服务的具体流程和具体内容进行了介绍。

学习目标

☞ 了解航班进港服务的概念，掌握航班进港服务的流程

☞ 掌握航班离港服务的流程

☞ 了解不正常航班的定义和原因，掌握不正常航班的处理流程

第1节 航班进港服务

航班进港服务的目的是为进港航班的旅客提供优质、及时、周到、细致的接机引导服务。机场航班进港服务包括以下流程。

一、航班到达前的准备

接机服务员必须在航班计划到达时间30分钟前通过离港系统以及集成系统查看航班相应信息并填写“航班保障单”，做好接机的准备工作，如测试门禁系统等。确认进港航班上重要旅客和其他特殊旅客等服务信息，准备好相应的服务用具，如轮椅、担架等。

接机服务员应按工作计划在规定的时限内到达相应的停机位，如应在航班到达时间前10分钟到达廊桥位；对于远机位的航班，接机服务员应在航班到达时间前15分钟到达指定的远机位出口乘车，随摆渡车到达相应的停机位。若进港航班上有重要旅客，停靠廊桥时接机服务员应在航班到达时间前15分钟到达；停远机位时，应在航班到达时间前20分钟到达远机位出口乘车处，随摆渡车到达相应的停机位。

二、接机

1. 接近机位（廊桥位）的飞机

（1）在飞机滑到停机位时，接机服务员应在开廊桥的工作人员侧面向飞机行注目礼，当飞机停靠稳妥后，接机服务员应注意查看飞机号，在客舱门开启后应立即向调度员通报飞机号，该通报时间将被确定为开舱门时间。同时用手势（右手拇指朝上）示意机舱乘务员安排旅客下飞机，并礼貌地询问乘务员是否有特殊旅客需要交接。若进港航班上有重要旅客，应先与机组办理交接手续，了解重要旅客随身携带行李和托运行李件数，并先引导重要旅客下机，如有老、病、残、孕和无人陪伴儿童等特殊旅客，通知地面服务员传递特殊旅客所需的服务用具，随后站立在面向飞机舱门口的左手边2米处迎接非特殊旅客下机。

（2）第一位旅客到达飞机机舱门口时，接机服务员应面带微笑向旅客问好，同时引导旅客行走方向。在引导的过程中，接机服务员应对需要帮助的旅客给予帮助。旅客下机完毕后，接机服务员锁闭通道门。若有特殊旅客，接机服务员与特殊旅客服务人员交接完毕后，应立即返回廊桥锁闭通道门禁。

2. 接远机位（非停靠廊桥位）的飞机

（1）接机服务员通过离港系统查阅进港航班旅客的到达人数并提前通知停机坪调配好摆渡车辆，两名接机服务员按时乘摆渡车到达停机位。若有重要旅客或老、病、残、孕旅客及无人陪伴儿童等旅客到达，应先与机组办理交接手续，了解重要旅客随身携带行李和托运行李件数，并先引导重要旅客下机。

（2）接机服务员应注意控制客梯车上旅客的下机人数不能超过 10 人或飞机自备客梯上旅客人数不能超过 6 人，一辆摆渡车上的旅客不允许超过 80 人。当同一架进港航班下机人多于一辆摆渡车人数限额时，接机服务员应通知乘务员暂停下客，让旅客等乘下一辆摆渡车。

（3）在第一辆摆渡车准备开启时，接机服务员要站立在摆渡车的门边，确保旅客安全，并右手拇指朝上向司机示意可以关摆渡车的车门，司机将旅客送至旅客到达出口。后续摆渡车未及时到位接旅客时，接机服务员要关注滞留在停机坪上旅客的人身安全，并告知旅客在停机坪上不准吸烟和随意走动或通知乘务员暂停下客。

（4）摆渡车到达出口处后，接机服务员需等车停稳后方可通知司机开车门，引导旅客到达出口处或行李提取处，并注意检查车里是否有旅客遗失的行李物品。旅客遗失物品的处理可采取送失物招领处或通过广播通知的方式处理。无人认领的行李经确认后当天应移交失物招领处统一处理。

三、接机结束

1. 接机工作结束后，接机服务员主动联系机长询问航班是否有油量的更改信息，并向机长提供《国内航班（备降航班）油量表》，更改后的油量信息在登机前将信息通报给配载人员。

2. 接机工作结束后，接机服务员要随手关闭机位所有的登机门，并将服务用具以及特殊旅客交接单带回科室存放在指定地点。

第 2 节 航班离港服务

在航空公司或机场的地面服务部门，一般都有一个专门的部门来保障航班的离港控制服务。航班离港服务一般包含三个阶段：航班准备、航班执行和航班关闭。

一、航班准备

离港航班准备主要包括两个方面，第一个是在离港系统中建立航班的长期计划，长期计划一般每年做两次，分别在航空公司春季、秋季航班换季时。有时航空公司因市场原因临时增加或减少航班时，也会涉及长期计划的建立。第二个是在离港系统中准备当日值机航班，这个是每月例行工作，主要内容包括：

1. 修正航班信息

由于在建立航班长期计划时，离港系统中有些航班信息并不是很确定，如机型、离港时间等，这时需要根据订座系统及航空公司运控系统中的相关信息来修正离港系统中的航班信息。

2. 离港初始化

离港初始化的作用主要是将旅客订座名单从订座系统导入离港系统中。

3. 座位控制

座位控制一是对坏座位进行锁定，以及给飞机上的额外机组人员、安全员等工作人员进行座位锁定，这些座位一旦锁定后，就不再对旅客开放，即旅客在值机过程中是选择不了这些座位的。二是为重要旅客进行座位预留。一般针对 VIP 旅客以及航空公司的高端旅客，如白金卡旅客进行预先留座。

4. 限额控制

限额控制主要是针对一些候补旅客的限额进行控制，通过这些限额控制，可以规定每个航班上允许最多接收的候补旅客。

由于目前网上值机、手机值机等自助渠道的广泛应用，航空公司一般都提前 36 个小时进行航班准备工作。只有进行了航班准备工作，这个航班才能进行旅客值机服务。

二、航班执行

离港航班执行主要是在旅客值机过程中对航班进行实时监控，包括根据值机实际要求动态设定候补旅客限额信息，根据航空公司航班动态信息修正离港时间、登机口等，有时候还会根据市场情况、天气情况等进行离港换飞机操作，比如预先计划执行航班的是一个宽体机，但由于市场销售不好，航空公司为了节约成本，改为由窄体机执飞，或者由于飞机故障、天气、前序航班还未到达等原因导致换飞机操作。离港换飞机是一个较为复杂的业务流程，涉及给旅客重新安排座位、重新打印登机牌等工作。

三、航班关闭

离港航班的关闭主要包括三个关闭动作：

1. 值机关闭（CI 关闭），做完该动作后，值机柜台将不允许办理值机操作。

2. 配载关闭（CL 关闭），做完该动作后，配载部门开始正式做相关配载工作。

3. 航班最终关闭（CC 关闭），做完该动作后，离港系统自动发送相关报文。

第 3 节　不正常航班服务

一、正常和不正常航班定义

2012 年中国民用航空局发布实施的《民航航班正常统计办法》对正常航班和不正常航班的标准进行了界定。

1. 正常航班定义

符合下列条件之一的航班即判定为正常航班：

（1）在计划关舱门时间后规定的民航地面滑行时间之内起飞，且不发生返航、备降等不正常情况。

（2）不晚于计划开舱门时间后 10 分钟落地。

2. 不正常航班定义

凡有下列情况之一则该航班判定为不正常航班：

（1）不符合正常航班全部条件的航班。

（2）当日取消的航班。

（3）未经批准航空公司自行变更航班计划的航班。

为避免出现航空公司依据《民航航班正常统计办法》中对不正常航班的界定，明知飞机延误仍正常上客并关舱门的情况，中国民用航空局在2014年提出航班正点将以飞机轮启动为准，以地面服务人员挡/撤轮挡时间作为航班延误与否的参照点。

二、不正常航班处理流程

1. 延误航班处理流程

（1）确定延误航班信息

机场工作人员及时了解延误航班信息，向相关部门明确航班延误的原因、预计起飞时间及旅客人数等情况。

（2）确定安排方案

机场工作人员根据航班延误的情况，结合延误时间的长短，按航空公司的规定或要求，确定安排旅客方案。

（3）联系食宿

机场工作人员根据安排旅客方案与相关部门联系配餐、住宿（包括运送车辆）内容，联系内容包括配餐性质、数量或需安排住宿人数等。

（4）旅客安排

机场工作人员将有关安排情况通过整体广播通知旅客，并引导旅客至相关地点，安排好旅客的食宿，并于航班最新预计起飞时间前一定时间将旅客送到候机楼，引导旅客过安检至候机厅候机。

（5）现场服务

机场工作人员做好解释工作，协助配餐部门发放餐食，协助旅客办理改签、退票及行李托运手续。

（6）结束工作

航班起飞后，机场工作人员清洁服务用具并将其收回原存放地，同时将多余未发放出去的不正常航班配品回收到仓库并做好回收记录。

2. 备降航班处理流程

（1）现场调度部门处理流程

1）进行航班信息的通报及传递工作。

2）协调飞机活动区内各单位的保障服务工作。

3）调整备降航班的机位。

（2）商务调度部门处理流程

1）接到指挥中心发出的备降航班信息后通知各有关单位，如是国际航班备降，应及时通知口岸办公室及联检单位到场。

2）进一步了解航班备降原因、航程、航班号、旅客人数、是否需要下客等相关信息，向相关单位通报。

3）了解飞机座位布局及占座情况，必要时通知值机部门。

4）为各单位提供相应的信息传递服务。

5）航班重新登机后，根据航班旅客人数变化，调整载重平衡。

（3）地面服务部门处理流程

1）根据航班旅客人数，准备相同数量的过站登机牌。

2）接到航班需要下客通知时，立即安排接机服务员前往接机。

3）待飞机落地停稳后，接机服务员上飞机请乘务员提醒旅客将自己的登机牌、机票及随身携带行李全部带离飞机，然后在登机口或客梯下迎接旅客下机。

4）接机服务员在登机口为旅客发放过站登机牌，同时向旅客解释航班备降原因及预计停留时间。

5）安排候机区域时，尽量将备降航班旅客与正常航班旅客分开。

6）地面服务人员及时为旅客提供茶水服务；航班预计停留时间 2 小时以上时，为旅客提供饮料，如遇正餐时间，为旅客提供餐食；航班预计停留时间超过 4 小时或航班取消时，为旅客提供住宿。必要时，可为旅客提供如扑克牌、象棋及影视节目等娱乐项目。

7）如为旅客安排住宿后，旅客提出取消飞行，地面服务人员应要求安排住宿的单位将终止飞行的旅客姓名、证件号码等有关信息做好记录，然后将有关信息通知商务调度部门。

8）如有旅客取消飞行，应征得机长同意，服务人员负责将旅客的姓名、证件号等做好记录，同时将信息通知商务调度部门、值机部门、行李分拣部门及值机部门。

9）接到航班重新登机信息时，地面服务人员按照航班引导登机的有关业务流程，组织旅客登机。

（4）行李分拣部门处理流程

1）行李分拣员根据值机人员通报的信息决定是否拉卸行李，如需拉卸行李时，及时将行李牌号通知外场搬运人员，必要时，协助做好外场搬运及清仓工作。

2）根据不正常航班行李分拣工作业务流程，做好旅客交运行李的退运及保管工作。

思考与练习

1. 航班进港时的接机服务流程是什么？
2. 航班离港时要做哪些航班准备工作？
3. 航班延误、航班备降的处理流程是什么？

第 9 章
飞机地面服务

飞机地面服务是指针对飞机的各项服务。典型的飞机地面服务包括飞机进港服务和飞机离港服务。本章介绍了飞机地面服务的定义、飞机地面服务的各种设备以及飞机地面服务部门的岗位职责，并对典型的飞机地面服务进行了阐述。

学习目标

☞ 了解飞机地面服务的各种设备，掌握飞机地面服务部门的职能

☞ 掌握飞机进港和飞机离港时地面服务的各项操作

第 1 节　飞机地面服务概述

一、飞机地面服务的定义

飞机地面服务就是对每一个进入本场站坪（进港）和从本场站坪起飞（离港）的飞机提供一系列的保障服务，从而保障航班的正点和安全。

飞机的每一项进、出港业务都有专门的工作组负责完成，具体到某一架次的飞机，需要对应的工作组负责指派工作人员在一定时间内完成。完成不同服务所需的时间不同，不同飞机的同一项服务，根据飞机机型的大小不同所需时间也不尽相同。机场一般会根据历史数据为每一个机型定义出完成某一项服务所需的计划时间，要求工作人员在此时间内完成服务。这里的服务计划完成时间与最终航班的计划离港时间相关联，也就是说，航班的实际离港时间必须在所有的服务完成之后。

二、飞机地面服务的设备

按照我国民用航空行业标准，在民用机场场道、机坪、航站楼、应急救援场所所使用的特种车辆和专用设备都属于民航地面服务设备保障的范围。

飞机地面服务的特种车辆主要包括：机务保障车辆、地面服务车辆、货物运输服务车辆、机场道面维护检测车辆（设备）以及相关保障车辆（设备）等。

1. 机务保障车辆

机务保障车辆主要包括有拖杆飞机牵引车、无拖杆飞机牵引车、电源车、空调车、罐式加油车、除冰车、高空作业平台（车）等，见表 9—1。

表 9—1　　机务保障车辆

有拖杆飞机牵引车		有拖杆飞机牵引车是一种通过牵引杆与飞机连接，靠本体产生的驱动力来牵引、移动飞机的特种车辆
无拖杆飞机牵引车		无拖杆飞机牵引车是一种通过本体托架直接托起飞机鼻轮，部分地借助飞机的重量产生驱动力来牵引、移动飞机的特种车辆
电源车	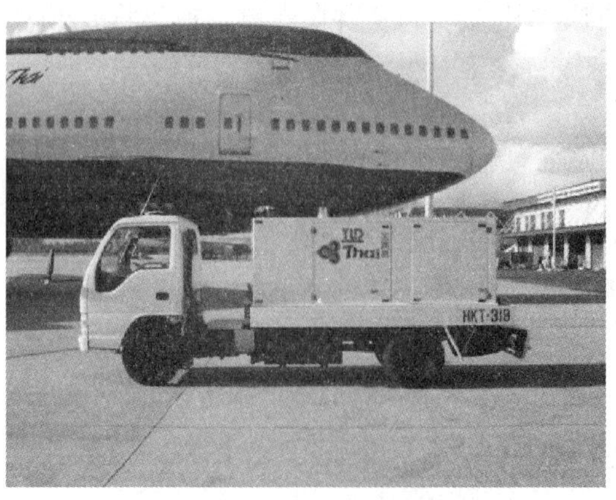	电源车是当飞机在地面进行通电检查、维修保养、航前航后保障、清洁或加油、装卸货物时，为机上部分（或全部）电气负载供电的特种车辆

续表

空调车		空调车是为在航站停留接送旅客或进行机务保障的飞机提供适宜温度和新鲜空气的特种车辆
罐式加油车		罐式加油车是为飞机补充燃油的特种车辆。罐式加油车设置有地下加油口，避免了加油车的频繁移动，从而有效减少机场的碳排放和能源消耗
除冰车		除冰车是为飞机清除机身、大翼、襟翼、尾翼、起落架等部位的霜、雪、冰的特种车辆

续表

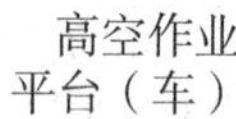高空作业平台（车）		高空作业平台（车）是服务于飞机高空作业、设备安装、检修等的特种车辆

2. 地面服务车辆

地面服务车辆主要包括客梯车、清水车、污水车、垃圾车、充氧车、残障旅客升降车、摆渡车、食品车、地面引导车等，见表 9—2。

表 9—2　　地面服务车辆

客梯车		客梯车是供旅客上下飞机的自行式阶梯结构特种车辆
清水车		清水车是为飞机添加旅客生活用水的特种车辆

续表

污水车		污水车是接受并储存从飞机洗手间排放的污（水）物，并对洗手间内添加清水的特种车辆
垃圾车		垃圾车是盛放飞机上生活垃圾的特种车辆
充氧车		充氧车是将地面储存的氧气转移到飞机上供机上人员使用的特种车辆

续表

残障旅客升降车		残障旅客升降车是辅助行动不便的旅客人员上下飞机的特种车辆
摆渡车		摆渡车是运行于航站楼登机口与客机坪停机位之间用于接送旅客的特种车辆
食品车		食品车是为飞机上旅客配送航空食品的特种车辆
地面引导车		地面引导车是引导飞机到指定停机位的特种车辆

3. 货物运输服务车辆

货物运输服务车辆主要包括升降平台车、行李拖车、行李传送车等，见表 9—3。

表 9—3　　　　　　　　货物运输服务车辆

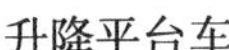 升降平台车		升降平台车是为飞机货舱装卸集装箱、板的特种车辆
行李拖车		行李拖车是将行李、货物、邮件等运送至停机位或行李、货物分拣区的特种车辆
行李传送车		行李传送车是装卸和传送行李、包裹、散件货物等的特种车辆

4. 机场道面维护检测车辆及相关保障车辆

机场道面维护检测车辆主要包括道面清扫车、吹雪车、扫雪车、道面除胶车、道面摩擦系数测试车、划线车、割草车、切缝机、平地机、道面弯沉测量车、道面混凝土强度测试车、跑道驱鸟车（设备）等。

相关保障车辆（设备）主要包括救护车、消防车、应急救援车辆和设备等。

三、飞机地面服务部门的职能

飞机地面服务部门主要包括操作分部、特种车辆分部和客舱清洁分部，每个部门职能如下。

1. 操作分部部门职能

负责机场所有涉及行李、货物、邮件的分拣、码盘、装卸、搬运、押运、码舱等工作。

2. 特种车辆分部部门职能

负责分部车辆和驾驶员日常管理工作，为经停机场的各类航班提供特种车辆保障服务。

3. 客舱清洁分部部门职能

负责过站、备降、迫降、驻场航班的清洁客舱工作。

第 2 节　典型的飞机地面服务

一、飞机进港服务

飞机进港时，站坪工作人员一般要为其提供引导、上轮挡、靠客梯车、靠廊桥、开客舱门、开货舱门、卸舱等服务。

1. 引导

具体来说，飞机进港时，人员、设备要在停机位的安全位置等候，待飞机的防撞灯熄灭后，方可靠近飞机进行引导操作。站坪上的车辆、飞机运动情况复杂，为了有效防止出现运行冲突，保障飞机地面运行的安全，需要引导车对飞机实施引导，如图 9—1 所示。引导车的涂装一般都是黄色的，在后风挡上贴着明显的反光标志字样或者荧光灯屏显示的“Follow Me”字样。另外引导车的车顶上都有黄色的警示灯，当引导车在等待飞机或者非执勤状态时警示灯是关闭的，开始实施引导工作时警示灯才会打开。引导车里有车载电台，驾驶员随时监听航班运行情况，在管制员指定的机坪入口处等待进港航班。引导车是塔台上站坪管制员的有效助手，它们将管制员的管制指令在飞机机组面前真实地展示出来，机组只要跟着相应的引导车就可以安全滑到停机位。引导车的运行权限很大，因为管制员发出的滑行指令只能精细到具体的滑行道和跑道，但在站坪上由于滑行路线情况比较复杂，引导车就会根据实际站坪运行情况进行滑行路线的选择，对于在飞机计划滑行路线上未能及时发现引导车的车辆和人员鸣笛进行提醒。飞机引导到位后，引导车就会关闭车顶警示灯迅速脱离飞机滑行路线。

图 9—1　飞机引导车

2. 上轮挡

飞机到达停机位时需对其进行上轮挡操作，以防止飞机意外移动，如图 9—2 所示。

3. 靠客梯车

飞机降落后，客梯车靠上舱门，如图 9—3 所示。

4. 靠廊桥

飞机靠廊桥是一项对安全性要求极高的工作，廊桥与飞机这两个“庞然大物”之间，对接距离必须要精确到厘米甚至毫米，这样精准的靠接才能确保不损害飞机，并提供给旅客最舒适、安全的感受。飞机靠廊桥如图 9—4 所示。

图 9—2　飞机上轮挡

图 9—3　客梯车靠上舱门

图 9—4　飞机靠廊桥

5. 开客舱门

工作人员在打开舱门前，应注意舱门、盖板等部位有无异常，如发现异常，应及时通知机务人员，待有关人员查验、许可后，方可开启舱门。飞机开舱门如图 9—5 所示。

图 9—5　飞机开舱门

6. 卸舱

在卸舱前，工作人员必须认真观察集装器的网套、固定卡是否完好，再观察舱门内壁、机舱壁是否完好；检查舱内有无货物泄漏等异常情况，如发现异常应停止操作；清理垃圾时，要把垃圾袋口封好，防止垃圾掉出来影响环境和安全。

二、飞机离港服务

对于飞机离港，站坪工作人员一般要为其提供加油、上水、充电、配餐、机组登机、旅客登机、关客舱门、装行李、关货舱门、客梯车撤离、撤桥、推出、机务检查等服务，如图 9—6 ~ 图 9—9 所示。

1. 加油

飞机离港时，站坪工作人员在引导飞机加油时，应将输油接头的连接锁牢，在加油过程中应注意观察加油车各种仪表运行是否正常，如发现异常，应停止加油。

2. 上水、充电、配餐、机组登机、旅客登机、关客舱门

飞机加满油后，工作人员应引导飞机上水、充电、配餐，待机组、旅客登机后，关闭客舱门。

图 9—6　飞机加油

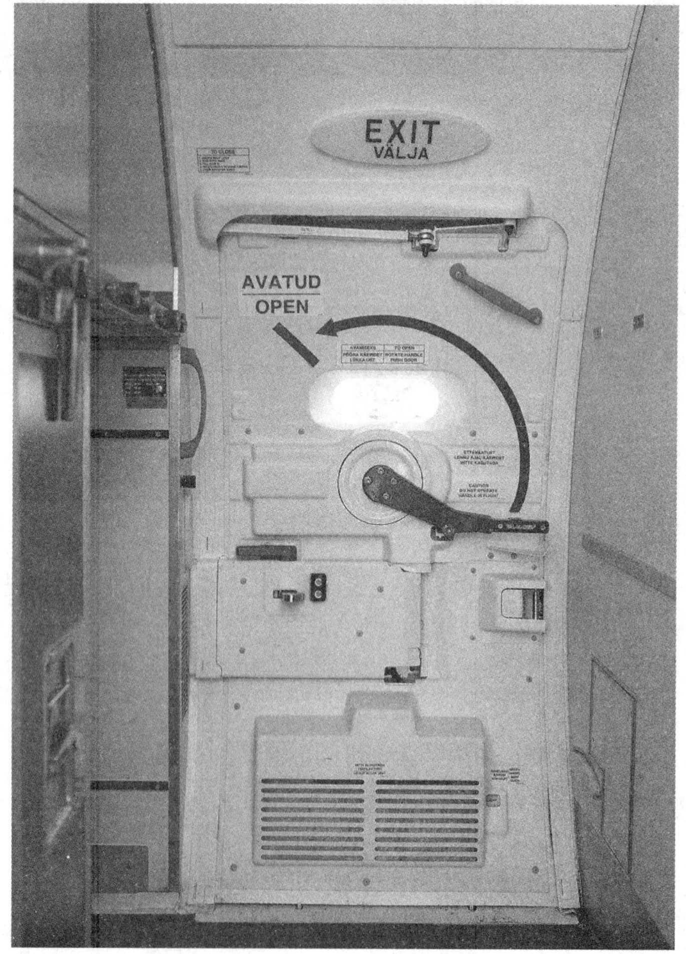

图 9—7　飞机关闭舱门

3. 装行李

在航班装舱工作开始前，必须由监装员亲自对所有离港集装箱进行开箱检查。装舱完毕后，应检查货舱内部制动系统，保证所有制动系统均被正确使用。

图 9—8　飞机装行李

4. 关货舱门、客梯车撤离、撤桥、推出、机务检查

航班装舱完毕后，关货舱门，撤离客梯车，撤桥，飞机推出。最后进行机务检查，保证飞机安全、航班正常。

图 9—9　飞机机务检查

思考与练习

1. 飞机地面服务的设备包括哪些？

2. 飞机地面服务部门的职能是什么？

3. 飞机进港时站坪工作人员需提供哪些服务？

4. 飞机离港时站坪工作人员需提供哪些服务？